ADIL BEN SLETEN

Cyber Immunité Adaptative

Un modèle cybernétique inspiré de l'immunité biologique

First edition

This book was professionally typeset on Reedsy.
Find out more at reedsy.com

À mon père et ma mère,
Pour votre sagesse, votre bienveillance et les valeurs de persévérance et d'intégrité que vous m'avez transmis. Vous êtes les piliers de mon cheminement.

À ma femme,
Pour ton amour inébranlable, ton soutien constant et ta compréhension, même dans les moments les plus intenses de ce projet. Tu es ma force.
À mes enfants,

Vous êtes ma plus grande motivation. Que ce livre vous rappelle que la connaissance et l'innovation sont les clés pour bâtir un avenir plus sûr

"La sécurité parfaite n'existe pas. Mais une défense intelligente, évolutive et résiliente peut transformer chaque menace en une opportunité d'apprentissage et de renforcement."

— Inspiration pour une Cybersécurité du Futur

Contents

Preface

Dans un monde en perpétuelle transformation numérique, la cybersécurité n'est plus une option, mais une nécessité vitale. Chaque jour, des millions de menaces invisibles planent au-dessus des infrastructures critiques, des entreprises, et des individus. Ces cyberattaques, de plus en plus sophistiquées, ne se contentent plus de perturber nos systèmes ; elles menacent la stabilité économique, la vie privée et, dans certains cas, même la sécurité nationale. Ce livre naît d'une conviction : la cybersécurité, telle que nous la connaissons, doit évoluer. Inspirée par les mécanismes naturels du système immunitaire humain, la Cyber Immunité Adaptative (CIA) propose une vision révolutionnaire. Elle n'est pas simplement une réponse aux menaces actuelles, mais une philosophie intégrée, proactive et résiliente, capable de s'adapter et de s'améliorer continuellement face aux défis à venir. Ce prologue est une invitation à explorer cette nouvelle ère. Vous découvrirez comment la technologie peut s'inspirer de la biologie pour créer des écosystèmes numériques intelligents, interconnectés et autonomes. Vous comprendrez pourquoi les approches réactives ne suffisent plus et comment une architecture modulaire, basée sur quatre couches complémentaires — Détection, Réponse, Adaptation et Résilience —, peut transformer la manière dont nous protégeons nos environnements numériques. Que vous soyez expert en cybersécurité, décideur stratégique, ou simplement curieux d'en savoir plus sur l'avenir de la protection numérique, ce livre est conçu pour vous. Il ne s'agit pas seulement d'une analyse théorique, mais d'un guide pratique pour bâtir des systèmes robustes, prêts à relever les défis de demain. Bienvenue dans le monde de la Cyber Immunité Adaptative — où la sécurité ne se limite pas à se défendre, mais à s'adapter, à apprendre et à prospérer face à l'adversité

Introduction Générale

Dans un monde où les technologies numériques sont devenues omniprésentes, la cybersécurité s'est imposée comme un enjeu stratégique majeur. Les infrastructures critiques, telles que les systèmes financiers, les réseaux énergétiques, les hôpitaux et les moyens de transport, constituent les piliers de nos sociétés modernes. Cependant, cette interconnexion croissante a également ouvert la voie à des cybermenaces d'une ampleur sans précédent.

Les attaques modernes, allant des ransomwares paralysants aux campagnes sophistiquées des menaces persistantes avancées (APT), exposent les fragilités des systèmes actuels. Ces cyberattaques ne se limitent plus à des perturbations techniques ou à des pertes financières ; elles remettent en question la résilience des nations, la sécurité des citoyens et la stabilité des entreprises.

Face à ces défis croissants, il est impératif de repenser la cybersécurité au-delà des approches traditionnelles réactives. Ce livre propose une nouvelle vision : la **Cyber Immunité Adaptative**. Inspirée par le fonctionnement du système immunitaire humain, cette approche repose sur des principes d'adaptabilité, de détection proactive et de réponse automatisée. Elle vise à transformer les infrastructures critiques en systèmes capables d'évoluer face aux menaces, tout en apprenant de chaque incident.

Ce livre s'adresse aux professionnels, décideurs et experts souhaitant comprendre et intégrer cette approche innovante. Divisé en trois parties, il explore les fondements des cybermenaces modernes, les piliers de la Cyber Immunité Adaptative, ses applications concrètes dans divers secteurs, et les perspectives futures.

En combinant des analyses approfondies, des exemples pratiques et des recommandations stratégiques, cet ouvrage ambitionne de devenir une référence incontournable pour quiconque souhaite contribuer à redéfinir les standards de la cybersécurité à l'ère numérique.

Partie 1 : Comprendre les Fondements de la Cybersécurité et des Cybermenaces

Dans un monde de plus en plus connecté, la cybersécurité est devenue un pilier essentiel pour protéger les infrastructures critiques. Cette première partie explore les bases indispensables pour comprendre les cybermenaces modernes et les défis qu'elles posent. À travers une analyse des attaques récentes et une réflexion sur l'inspiration biologique, nous jetons les bases d'une approche innovante : la Cyber Immunité Adaptative, conçue pour répondre à ces menaces en constante évolution

Paysage des Cybermenaces Modernes

Introduction

Le paysage des cybermenaces a considérablement évolué au cours des dernières décennies, passant de simples attaques opportunistes à des campagnes complexes et ciblées. Aujourd'hui, les infrastructures critiques, comme les réseaux financiers, les systèmes énergétiques et les services de santé, sont au cœur des préoccupations des cybercriminels et des acteurs étatiques. Ces attaques ne visent pas seulement à perturber des opérations ou à voler des données, mais peuvent également paralyser des économies entières et mettre en péril la sécurité nationale.

Comprendre la nature et l'étendue de ces cybermenaces est essentiel pour développer des solutions de défense efficaces. Ce chapitre explore les principales catégories de cyberattaques, notamment les **ransomwares**, les **menaces persistantes avancées (APT)** et les **attaques par déni de service distribué (DDoS)**. Il analyse également leur impact sur les infrastructures critiques et présente des études de cas emblématiques pour illustrer la gravité de ces menaces. Cette analyse sert de base pour justifier la nécessité d'une approche innovante telle que la **Cyber Immunité Adaptative**, qui sera approfondie dans les chapitres suivants.

1.1 Typologie des Cyberattaques

Les cyberattaques modernes se caractérisent par leur diversité et leur sophistication. Voici une analyse approfondie des trois catégories majeures : **les ransomwares**, **les menaces persistantes avancées (APT)** et **les attaques par déni de service distribué (DDoS)**.

1.1.1 Les Ransomwares : La Cybercriminalité à l'Ère de l'Extorsion Numérique

- **Définition et Fonctionnement :**

Les ransomwares sont des logiciels malveillants qui chiffrent les données d'une organisation ou d'un individu, rendant les fichiers inaccessibles. Les attaquants exigent ensuite une rançon, souvent en cryptomonnaie, pour fournir une clé de déchiffrement.

- **Évolution et Stratégies Modernes :**

Rançons élevées : Les demandes de rançon atteignent parfois plusieurs millions de dollars.

Double extorsion : Les attaquants menacent de divulguer les données volées si la rançon n'est pas payée.

Ransomware-as-a-Service (RaaS) : Des plateformes spécialisées permettent à des groupes moins expérimentés d'exploiter des ransomwares en échange d'une part des gains.

- **Exemple : WannaCry (2017)**

Cette attaque a exploité une vulnérabilité dans les systèmes

Windows, touchant plus de 200 000 ordinateurs dans 150 pays. Elle a paralysé des hôpitaux au Royaume-Uni, causant des retards critiques dans les soins médicaux.

- **Secteurs ciblés :**

Santé : Les hôpitaux confrontés à des délais critiques.
Finance : Les institutions bancaires et les systèmes de paiement.
PME : Faibles ressources en cybersécurité pour se protéger efficacement.

1.1.2 Les Menaces Persistantes Avancées (APT) : Une Arme Géopolitique

- **Définition et Fonctionnement :**

Les APT sont des attaques sophistiquées, prolongées et ciblées, souvent attribuées à des groupes parrainés par des États. Elles visent à infiltrer un réseau pour voler des informations sensibles ou perturber des opérations essentielles.

- **Caractéristiques :**

Multi-étapes : Comprend le phishing ciblé, les exploits zero-day et le déplacement latéral.
Durée prolongée : Les attaquants peuvent rester dans le réseau pendant des mois, voire des années.
Objectifs spécifiques : Renseignement stratégique, sabotage, ou espionnage industriel.

- **Exemple : SolarWinds (2020)**

Une campagne APT a compromis une mise à jour logicielle de SolarWinds, permettant aux attaquants d'accéder à plusieurs agences gouvernementales et entreprises. Cet incident a révélé la vulnérabilité des chaînes d'approvisionnement logicielles.

- **Secteurs ciblés :**

Défense : Vol de secrets militaires.
Énergie : Perturbation des réseaux électriques et pipelines.
Gouvernement : Accès aux communications sensibles et renseignements stratégiques.

1.1.3 Les Attaques DDoS : Paralysie des Systèmes Critiques

- **Définition et Fonctionnement :**

Les attaques par déni de service distribué (DDoS) consistent à saturer un serveur, un site web ou une infrastructure réseau avec un volume massif de trafic, rendant le service indisponible pour les utilisateurs légitimes.

- **Techniques courantes :**

Botnets : Réseaux d'appareils compromis (IoT, ordinateurs) utilisés pour générer le trafic d'attaque.
Amplification : Utilisation de requêtes simples pour produire des réponses massives vers une cible.
Attaques volumétriques : Saturation de la bande passante du réseau cible.

- **Exemple : Mirai (2016)**

Le botnet Mirai a mobilisé des millions d'appareils IoT pour lancer une attaque massive, mettant hors service des plateformes comme Twitter, Spotify et Netflix. Cet incident a révélé les risques liés à l'insécurité des appareils connectés.

- **Secteurs ciblés :**

E-commerce : Paralysie des plateformes pendant des périodes critiques (Black Friday, Noël).

Finance : Perturbation des services bancaires en ligne.

Gouvernement : Attaques visant à désorganiser des événements ou élections.

Comparaison des Types d'Attaques :

Type	Objectif	Complexité	Durée	Cible Principale
Ransomware	Extorsion	Moyenne	Instantanée	Santé, PME, finance
APT	Espionnage/Sabotage	Très élevée	Long terme	Défense, énergie, gouvernements
DDoS	Paralysie	Moyenne à élevée	Court à moyen terme	E-commerce, finance, IoT

1.2 Impact sur les Infrastructures Critiques

Les infrastructures critiques, par leur importance stratégique, sont des cibles privilégiées des cyberattaques. Ces systèmes, qui englobent les secteurs financier, énergétique, et aéroportuaire, sont au cœur du fonctionnement des économies modernes. Leur perturbation, qu'elle soit partielle ou totale, peut avoir des conséquences catastrophiques, allant de pertes financières massives à des risques pour la sécurité nationale.

1.2.1 Secteur Financier : Une Menace Économique et Systémique

Nature des Menaces

Le secteur financier est particulièrement vulnérable en raison de la numérisation massive des services bancaires et financiers. Les cyberattaques visent à exploiter les failles pour voler des fonds, accéder à des données sensibles ou perturber les opérations.

- **Ransomwares** : Les banques sont ciblées pour l'extorsion, mettant en péril leur réputation et leurs opérations.
- **Fraude en ligne** : Les criminels utilisent des outils sophistiqués pour détourner des transactions financières.
- **APT** : Les campagnes prolongées d'espionnage ciblent les données critiques, comme les plans d'investissement ou les transferts internationaux.

Exemple : L'attaque SWIFT (2016)

Des cybercriminels ont infiltré le système de transfert bancaire SWIFT pour détourner 81 millions de dollars de la Banque centrale du Bangladesh. Ils ont exploité des vulnérabilités dans les systèmes d'authentification, mettant en lumière l'importance des protections renforcées pour ces réseaux critiques.

Conséquences

1. **Perte de confiance** : Les clients hésitent à utiliser des services en ligne après une attaque majeure.
2. **Coûts élevés** : Les cyberattaques coûtent en moyenne 18 millions de dollars par incident pour une grande banque, selon un rapport d'IBM en 2022.
3. **Effets systémiques** : Une attaque coordonnée pourrait déstabiliser l'ensemble du système financier mondial.

Solutions et Résilience

- Déploiement de systèmes adaptatifs pour détecter les anomalies en temps réel.
- Renforcement des infrastructures avec des modèles d'apprentissage machine pour prédire les comportements frauduleux.
- Partenariats internationaux pour coordonner les réponses aux cybermenaces.

1.2.2 Secteur Aéroportuaire : Une Cible pour le Sabotage et l'Espionnage

Nature des Menaces

Les aéroports, en tant que nœuds critiques du transport mondial, sont exposés à des cyberattaques qui visent aussi bien leurs systèmes de gestion que leurs infrastructures logistiques.

- **DDoS** : Ces attaques paralysent les systèmes de réservation, retardent les vols et créent des perturbations massives.

- **Intrusions dans les systèmes SCADA** : Les attaquants exploitent les failles des systèmes de contrôle pour perturber les opérations au sol, comme la gestion des bagages ou des pistes.
- **Espionnage industriel** : Les données des passagers, des compagnies aériennes et des fournisseurs sont ciblées pour des campagnes de surveillance.

Exemple : L'attaque de l'aéroport de Bristol (2018)

Une cyberattaque a perturbé les systèmes d'information, obligeant l'aéroport à afficher les horaires manuellement pendant plusieurs jours. Bien que l'impact ait été limité, cet incident a souligné les lacunes en matière de sécurité des systèmes critiques.

Conséquences

1. **Perturbations massives** : Un simple retard peut se transformer en chaos logistique, affectant des milliers de passagers.
2. **Risque pour la sécurité** : L'interférence avec les systèmes de navigation aérienne pourrait mettre des vies en danger.
3. **Coût opérationnel** : Les pertes financières dues aux perturbations peuvent atteindre des millions de dollars par jour.

Solutions et Résilience

- Adoption de systèmes d'analyse comportementale pour détecter les anomalies dans les flux de données des aéroports.
- Renforcement de la sécurité des systèmes SCADA utilisés

pour la gestion des infrastructures au sol.
- Coordination internationale pour la sécurisation des données des compagnies aériennes et des passagers.

1.2.3 Secteur Énergétique : Une Infrastructure Vitale Sous Menace

Nature des Menaces

Les réseaux énergétiques, incluant les centrales électriques, les pipelines et les systèmes de distribution, sont particulièrement vulnérables. Les cyberattaques ciblent ces infrastructures pour perturber l'approvisionnement ou obtenir un avantage géopolitique.

- **Ransomwares ciblant les SCADA** : Les attaquants verrouillent les systèmes de contrôle pour exiger des rançons.
- **APT pour le sabotage** : Les acteurs étatiques exploitent les failles pour désactiver ou détruire les infrastructures critiques.
- **Intrusions dans les réseaux IoT** : Les appareils connectés mal sécurisés servent de portes d'entrée aux réseaux principaux.

Exemple : Colonial Pipeline (2021)

Un ransomware a paralysé le plus grand opérateur de pipeline aux États-Unis, interrompant l'approvisionnement en carburant dans plusieurs régions. Cette attaque a mis en lumière la dépendance critique de l'énergie vis-à-vis des systèmes numériques.

Conséquences

1. **Pénuries et augmentation des prix** : Les perturbations de

l'approvisionnement entraînent des hausses des prix pour les consommateurs et des tensions économiques.
2. **Instabilité géopolitique** : Les attaques sur les infrastructures énergétiques peuvent être utilisées comme armes dans des conflits internationaux.
3. **Risque environnemental** : L'interruption des systèmes de contrôle peut entraîner des accidents industriels graves.

Solutions et Résilience

- Mise en place de systèmes de cybersécurité adaptatifs pour surveiller en continu les réseaux SCADA.
- Formation des équipes industrielles pour répondre rapidement aux cybermenaces.
- Investissements dans des infrastructures énergétiques résilientes intégrant des mécanismes de redondance.

1.3 Études de Cas Marquantes

Les cyberattaques majeures des dernières décennies ont marqué un tournant dans la compréhension des menaces numériques et de leur impact. Ces incidents, souvent sophistiqués et ciblés, illustrent la diversité des objectifs des cybercriminels, qu'ils soient économiques, politiques ou stratégiques. Voici trois études de cas emblématiques : **Stuxnet**, **NotPetya** et **SolarWinds**.

1.3.1 Stuxnet (2010) : La Première Arme Cybernétique

Contexte

Stuxnet est souvent qualifié de première arme cybernétique. Ce malware a été conçu pour perturber les installations nucléaires iraniennes, ciblant spécifiquement les centrifugeuses utilisées pour l'enrichissement de l'uranium. Il exploitait des vulnérabilités zero-day dans les systèmes SCADA de Siemens.

Fonctionnement

Intrusion : Stuxnet a été introduit via une clé USB infectée, infiltrant les systèmes isolés (air-gapped).

Ciblage précis : Le malware vérifiait si les systèmes infectés correspondaient aux configurations des centrifugeuses visées.

Dommages physiques : En modifiant la vitesse des centrifugeuses, il a causé leur dysfonctionnement progressif tout en masquant ces anomalies aux opérateurs.

Conséquences

Perturbation significative du programme nucléaire iranien.

Révélation de l'impact potentiel des cyberattaques sur les infrastructures physiques.

Début d'une nouvelle ère où les cyberarmes deviennent des outils géopolitiques.

Leçon clé

Stuxnet a démontré la vulnérabilité des infrastructures industrielles aux cyberattaques ciblées, soulignant la nécessité de sécuriser les systèmes SCADA.

1.3.2 NotPetya (2017) : L'Attaque Dévastatrice

Contexte

NotPetya, initialement présenté comme un ransomware, était en réalité une cyberattaque visant à perturber les systèmes informatiques, principalement en Ukraine. Le malware a rapidement dépassé ses cibles initiales, causant des dégâts à l'échelle mondiale.

Fonctionnement

Propagation rapide : NotPetya exploitait une vulnérabilité connue d'EternalBlue, déjà utilisée par WannaCry, pour se propager dans les réseaux infectés.

Chiffrement des données : Contrairement aux ransomwares traditionnels, le malware rendait les données irrécupérables, même après paiement.

Effet domino : De grandes entreprises comme Maersk (logistique), Merck (pharmaceutique) et FedEx ont été gravement touchées.

Conséquences

Pertes économiques : Les dégâts ont été estimés à plus de 10 milliards de dollars, faisant de NotPetya l'une des cyberattaques les plus coûteuses de l'histoire.

Impact mondial : Des entreprises de plus de 60 pays ont été affectées.

Instabilité géopolitique : L'attaque a été attribuée à des acteurs étatiques, renforçant l'idée que les cyberattaques sont devenues des armes dans les conflits modernes.

Leçon clé

NotPetya a révélé les risques de la propagation incontrôlée des cyberattaques et l'importance de corriger rapidement les vulnérabilités connues.

1.3.3 SolarWinds (2020) : La Menace Invisible

Contexte

SolarWinds est une attaque de la chaîne d'approvisionnement qui a compromis une mise à jour logicielle de l'entreprise SolarWinds. Ce logiciel, utilisé par des milliers d'organisations, dont des agences gouvernementales américaines et des entreprises du Fortune500, a permis aux attaquants d'accéder à des systèmes sensibles.

Fonctionnement

Infiltration dans la chaîne d'approvisionnement : Les attaquants ont inséré un code malveillant dans une mise à jour légitime du logiciel Orion de SolarWinds.

Accès furtif : Une fois installée, la mise à jour compromise permettait aux attaquants de surveiller et de manipuler les réseaux infectés sans être détectés.

Ciblage précis : Les attaquants ont ciblé des entités stratégiques, notamment le département américain de la Sécurité intérieure et des entreprises technologiques majeures.

Conséquences

Accès massif aux données sensibles : Des informations gouvernementales critiques ont été compromises.

Révélation des failles des chaînes d'approvisionnement : L'attaque a montré que même des logiciels de confiance peuvent être exploités.

Durée prolongée : L'intrusion a duré des mois avant d'être détectée, augmentant son impact.

Leçon clé

SolarWinds a mis en évidence la nécessité de sécuriser les chaînes d'approvisionnement logicielles et de surveiller en permanence les activités inhabituelles dans les réseaux.

Conclusion

Les cyberattaques modernes, qu'il s'agisse de ransomwares, d'APT ou de DDoS, mettent en lumière la vulnérabilité des infrastructures critiques et leur dépendance à des systèmes numériques souvent insuffisamment protégés. Les impacts, qu'ils soient financiers, logistiques ou géopolitiques, soulignent l'urgence de réinventer la cybersécurité pour anticiper et neutraliser ces menaces. Ces constats introduisent une réflexion sur des solutions inspirées de la biologie, explorées dans le chapitre suivant, où la Cyber Immunité Adaptative propose une défense proactive et résiliente.

Inspiration Biologique

Introduction

Le système immunitaire humain est une merveille d'adaptabilité et de résilience, conçu pour détecter, neutraliser et mémoriser les menaces rencontrées. Cette capacité lui permet de s'améliorer continuellement tout en assurant la survie de l'organisme face à des menaces complexes et évolutives. Ce fonctionnement, qui repose sur des mécanismes innés et adaptatifs, est une source d'inspiration puissante pour réinventer la cybersécurité.

Les systèmes actuels de cybersécurité, souvent statiques ou réactifs, peinent à suivre le rythme des menaces modernes. L'idée d'un **écosystème numérique fonctionnant comme un organisme vivant**, capable de s'adapter et d'évoluer face aux attaques, ouvre une nouvelle voie. Ce chapitre explore trois aspects essentiels :

1. **Le fonctionnement du système immunitaire humain**.
2. **Les parallèles avec la cybersécurité, notamment en matière de détection, d'adaptabilité et de résilience**.
3. **Les premières applications des principes biologiques dans les technologies de cybersécurité**.

2.1 Fonctionnement du Système Immunitaire

Le système immunitaire est un mécanisme évolué qui protège l'organisme contre les agents pathogènes. Il repose sur deux niveaux complémentaires :

2.1.1 Immunité Innée : La Défense Universelle

- **Description** : L'immunité innée agit rapidement pour empêcher les agents pathogènes de pénétrer ou de se propager. Elle n'est pas spécifique mais constitue une barrière essentielle.

Mécanismes clés :

- **Détection immédiate** : Les macrophages identifient les agents pathogènes grâce à des motifs moléculaires associés aux pathogènes (PAMP).
- **Coordination chimique** : Les cytokines, des messagers chimiques, déclenchent une réponse coordonnée pour limiter les dégâts.
- **Limites** : Bien qu'efficace, elle manque de spécificité et ne peut pas mémoriser les menaces.

2.1.2 Immunité Adaptative: La Réponse Spécifique

- **Description** : L'immunité adaptative agit plus lentement mais cible les menaces avec précision. Elle développe une mémoire immunitaire qui renforce l'organisme contre de futures attaques.

Mécanismes clés :

- Les **lymphocytes B** produisent des anticorps spécifiques pour neutraliser les agents pathogènes.
- Les **lymphocytes T** détruisent les cellules infectées ou cancéreuses.
- La **mémoire immunitaire** conserve une trace des attaques, garantissant une réponse plus rapide en cas de récidive.
- **Exemple biologique** : Lorsqu'une personne reçoit un vaccin, son immunité adaptative apprend à reconnaître un pathogène et à s'en défendre efficacement.

2.2 Parallèles avec la Cybersécurité

Le système immunitaire humain, avec ses mécanismes complexes et dynamiques, trouve de nombreuses analogies en cybersécurité. Ces parallèles offrent des bases solides pour imaginer des solutions innovantes et transformer la manière dont les infrastructures critiques sont protégées contre les cybermenaces.

2.2.1 Détection des Menaces

Le système immunitaire détecte les agents pathogènes grâce à des motifs spécifiques, appelés **PAMP (Pathogen-Associated Molecular Patterns)**. Ces motifs activent une réponse rapide et ciblée. En cybersécurité, la détection repose également sur l'identification de comportements ou de signatures anormales.

Comparaison détaillée :

Biologie :

- Les macrophages et cellules dendritiques patrouillent dans l'organisme et analysent les signaux pour identifier les intrus. Ils agissent comme des capteurs omniprésents.

Cybersécurité :

- Les outils IDS/IPS surveillent les flux réseau pour détecter des anomalies. Les systèmes UEBA (User and Entity Behavior Analytics) suivent les comportements utilisateurs pour repérer des écarts suspects.

Exemple de cybersécurité :

Un système UEBA repère une activité inhabituelle, comme des connexions multiples en dehors des heures normales, ce qui peut indiquer une tentative d'intrusion. L'alerte est transmise à une équipe de réponse pour investigation.

Innovations proposées :

- **Cytokines numériques** :

Un système de notification et de coordination automatique qui relie les solutions de détection, comme les IDS, aux outils d'intervention pour agir immédiatement.

- **Capteurs intelligents distribués** :

Inspirés des macrophages, des agents logiciels répartis sur le réseau surveilleraient les flux en temps réel, partageant leurs données pour détecter les schémas d'attaque globaux.

2.2.2 Adaptabilité

L'immunité adaptative crée des anticorps spécifiques pour chaque nouvelle menace, permettant une réponse plus efficace et rapide lors des futures attaques. En cybersécurité, l'adaptabilité repose sur l'intelligence artificielle et l'apprentissage machine, qui ajustent les modèles en fonction des menaces émergentes.

Comparaison détaillée :

Biologie :

- Les lymphocytes B produisent des anticorps spécifiques à chaque agent pathogène. Cette réponse est personnalisée et durable, grâce à la mémoire immunitaire.

Cybersécurité :

- Les systèmes de machine learning s'améliorent avec les données. Par exemple, après avoir détecté un ransomware, le système ajuste ses modèles pour mieux identifier les futures variantes.

Exemple de cybersécurité :

Un système d'apprentissage non supervisé identifie un comportement anormal dans le trafic réseau (ex. un transfert de données volumineux) et ajuste son algorithme pour reconnaître cette anomalie à l'avenir.

Innovations proposées :

- **Lymphocytes numériques** :

Des agents autonomes, similaires à des microservices, qui se spécialisent dans des menaces spécifiques et partagent leurs connaissances avec d'autres systèmes.

- **Anticorps numériques évolutifs** :

Des signatures dynamiques qui se modifient automatiquement pour bloquer des malwares polymorphes ou des APT complexes.

2.2.3 Résilience

Le système immunitaire conserve une mémoire des attaques, permettant une réponse rapide et ciblée lors d'une nouvelle infection. En cybersécurité, la résilience consiste à se remettre rapidement d'une attaque tout en renforçant les défenses pour éviter qu'elle ne se reproduise.

Comparaison détaillée :

Biologie :

- La mémoire immunitaire permet une réponse efficace à une menace connue. Par exemple, une personne vaccinée contre un virus réagit rapidement en cas de nouvelle exposition.

Cybersécurité :

- Les bases de données d'incidents, enrichies par des analyses forensiques, aident à prévenir des attaques similaires dans l'avenir. Les outils SIEM et SOAR utilisent ces informations pour automatiser les réponses.

Exemple de cybersécurité :

Une entreprise victime d'un ransomware analyse l'incident et met en place une nouvelle règle dans son système SIEM pour bloquer des fichiers similaires à l'avenir.

Innovations proposées :

- **Bases de mémoire cybernétique globale** :

Une plateforme partagée entre organisations critiques qui regroupe les informations sur les attaques pour anticiper les futures menaces.

- **Écosystèmes résilients interconnectés** :

Inspirés des réseaux biologiques, les systèmes interconnectés peuvent s'adapter collectivement, permettant à une infrastructure attaquée de transmettre ses contre-mesures à d'autres.

Les parallèles entre le système immunitaire et la cybersécurité montrent qu'il est possible de concevoir des systèmes numériques capables de détecter, s'adapter et résister aux menaces comme un organisme vivant. Ces innovations, allant des **lymphocytes numériques** aux **bases de mémoire partagées**, posent les bases de la Cyber Immunité Adaptative, une vision révolutionnaire pour protéger les infrastructures critiques à l'ère des cyberattaques sophistiquées.

Aspect Biologique	Fonctionnement Biologique	Équivalent en Cybersécurité
Détection des menaces	Les macrophages et cellules dendritiques patrouillent dans l'organisme pour détecter les PAMP et déclencher une réponse immédiate.	Les IDS/IPS détectent des comportements anormaux dans les flux réseau ; les systèmes UEBA identifient les anomalies dans les activités des utilisateurs.
Adaptabilité	Les lymphocytes B produisent des anticorps spécifiques pour neutraliser chaque nouvelle menace, avec une mémoire immunitaire durable.	Les algorithmes de machine learning analysent les données et ajustent leurs modèles pour mieux contrer les menaces émergentes.
Coordination des réponses	Les cytokines coordonnent l'action des cellules immunitaires, assurant une réponse rapide et ciblée face aux menaces.	Les outils SOAR orchestrent automatiquement les réponses à des incidents complexes (isolation de segment réseau, blocage d'IP, etc.).
Résilience et mémoire	La mémoire immunitaire conserve une trace des agents pathogènes rencontrés, garantissant une réponse rapide et ciblée en cas de récidive.	Les SIEM enrichissent leurs bases de données à partir d'incidents passés pour optimiser les réponses futures ; les systèmes de Threat Intelligence partagent ces données.
Partage d'informations	Les cellules immunitaires collaborent pour transmettre des signaux chimiques et renforcer la réponse globale de l'organisme.	Les plateformes de Threat Intelligence (TIP) permettent de partager en temps réel les informations sur les menaces entre organisations critiques.

Parallèles entre le système immunitaire et la cybersécurité

2.3 Premières Applications de l'Approche Biologique dans les Technologies

L'inspiration biologique a déjà donné lieu à plusieurs innovations dans les technologies modernes. Ces premières applications, bien que partielles, démontrent le potentiel des principes biologiques pour améliorer la cybersécurité. En se basant sur les mécanismes naturels comme la détection adaptative, la mémoire et la résilience, ces technologies ont ouvert la voie à des solutions de défense plus intelligentes et dynamiques.

2.3.1 Systèmes de Détection Comportementale

Les systèmes d'analyse comportementale sont parmi les premières applications inspirées par le système immunitaire. Ils surveillent les activités des utilisateurs et des entités (serveurs, endpoints) pour identifier des anomalies pouvant indiquer une cyberattaque.

Lien avec la Biologie :

Inspirés des macrophages, qui patrouillent dans le corps pour détecter les intrus, ces systèmes cherchent des schémas anormaux dans les flux de données.

Comme les macrophages, ils ne dépendent pas d'une base de signatures statiques, mais de règles adaptatives.

Exemple Technologique :

Les outils UEBA (User and Entity Behavior Analytics) : Ces systèmes analysent le comportement des utilisateurs et des machines dans un réseau. Une activité inhabituelle, comme un téléchargement massif de données à des heures anormales, déclenche une alerte.

Progrès et Innovations :

Détection proactive des menaces : Les anomalies sont repérées avant qu'elles ne causent des dommages significatifs.

Capteurs intelligents distribués : Des agents logiciels placés dans plusieurs parties du réseau travaillent ensemble pour détecter des comportements anormaux.

2.3.2 Réponse Automatisée et Orchestration

L'automatisation des réponses, inspirée par la coordination chimique du système immunitaire via les cytokines, est une avancée majeure dans la cybersécurité. Ces systèmes permettent une réaction rapide et orchestrée face à des incidents.

Lien avec la Biologie :

Les cytokines coordonnent l'action des cellules immunitaires en réponse à une infection, garantissant une mobilisation rapide et ciblée.

En cybersécurité, cette orchestration est réalisée par des outils capables d'automatiser les actions défensives.

Exemple Technologique :

SOAR (Security Orchestration, Automation, and Response) : Ces plateformes automatisent des réponses complexes, comme isoler un endpoint compromis, bloquer une adresse IP suspecte ou déclencher des analyses forensiques.

Progrès et Innovations :

Cytokines numériques : Des mécanismes d'orchestration qui coordonnent automatiquement la réponse de plusieurs systèmes.

Réduction du temps de réponse : Les incidents sont traités en quelques secondes, limitant leur impact.

2.3.3 Apprentissage Continu et Adaptabilité

Inspirés de l'immunité adaptative, les systèmes d'apprentissage continu s'ajustent en fonction des nouvelles menaces. Ces solutions utilisent des algorithmes d'intelligence artificielle pour analyser les données des incidents passés et renforcer leurs modèles défensifs.

Lien avec la Biologie :

Tout comme les lymphocytes B et T développent des anticorps spécifiques à chaque nouvelle menace, ces systèmes apprennent des nouvelles attaques pour mieux les contrer.

La mémoire immunitaire biologique trouve son équivalent dans les bases de données enrichies utilisées par ces outils.

Exemple Technologique :

Les algorithmes de machine learning supervisé et non supervisé :

Le supervisé repose sur des données labellisées pour identifier des anomalies similaires.

Le non supervisé identifie des schémas inconnus en temps réel, sans données préalables.

Progrès et Innovations :

Anticorps numériques évolutifs : Des signatures et modèles dynamiques capables de s'adapter aux variantes d'attaques comme les ransomwares polymorphes.

Réseaux neuronaux avancés : Utilisation d'architectures inspirées des neurones biologiques pour détecter des menaces complexes.

2.3.4 Simulation et Résilience

Les simulations d'attaques, inspirées du concept de vaccination biologique, permettent de préparer les systèmes à des menaces spécifiques. Ces exercices simulent des scénarios réels pour tester la résilience des infrastructures.

Lien avec la Biologie :

La vaccination expose le système immunitaire à un agent inoffensif pour qu'il développe des anticorps et se prépare à une véritable infection.

En cybersécurité, ces exercices renforcent les défenses et révèlent les failles potentielles.

Exemple Technologique :

Exercices Red Team/Blue Team :

La Red Team simule une attaque pour tester les défenses de la Blue Team.

Ces exercices aident à évaluer la capacité de réponse et à renforcer les plans de reprise.

Progrès et Innovations :

Simulations IA dynamiques : Utilisation de modèles d'intelligence artificielle pour générer des scénarios d'attaques variés et réalistes.

Automatisation des tests : Intégration de tests réguliers dans les infrastructures critiques pour garantir une résilience continue.

2.3.5 Réseaux Cybernétiques Interconnectés

Inspirés des réseaux biologiques interconnectés, ces systèmes permettent à des infrastructures critiques de partager des informations sur les menaces et de coordonner leurs défenses.

Lien avec la Biologie :

Dans un organisme, les cellules travaillent ensemble pour maintenir un équilibre et se protéger des agressions externes.

En cybersécurité, les infrastructures peuvent partager des renseignements pour anticiper et neutraliser les attaques.

Exemple Technologique :

Threat Intelligence Platforms (TIP) : Ces outils centralisent et partagent des informations sur les menaces, enrichissant les bases de données d'incidents.

Progrès et Innovations :

Écosystèmes autonomes interconnectés : Chaque système fonctionne de manière autonome mais collabore pour renforcer la défense globale.

Partage dynamique de la mémoire : Une menace détectée dans un secteur est immédiatement signalée à d'autres infrastructures pour éviter une propagation.

Conclusion

Le système immunitaire humain, avec sa capacité unique à détecter, s'adapter et mémoriser les menaces, offre un modèle révolutionnaire pour repenser la cybersécurité. En reliant les mécanismes biologiques à des concepts numériques, tels que la détection proactive, l'adaptabilité et la résilience, il devient possible de transformer les infrastructures critiques en écosystèmes numériques autonomes et évolutifs.

Les premières applications inspirées de la biologie, comme les systèmes d'analyse comportementale, les plateformes SOAR ou les simulations de résilience, démontrent déjà le potentiel de cette approche. Cependant, ces innovations, bien qu'efficaces, restent fragmentées et limitées à des solutions spécifiques. La prochaine étape est de concevoir une **architecture unifiée** qui intègre ces principes pour créer une défense globale et dynamique.

Cette vision, incarnée par la **Cyber Immunité Adaptative**, repose sur une intégration systémique des principes biologiques dans les technologies de cybersécurité. Elle ne se contente pas d'adapter des outils existants, mais propose un changement de paradigme où les systèmes deviennent capables d'évoluer comme un organisme vivant.

Ce chapitre a montré comment les principes biologiques posent les bases d'une nouvelle approche en cybersécurité. Mais pour répondre pleinement aux défis modernes, il est essentiel d'aller au-delà des applications isolées et de construire une **vision intégrée**. Le chapitre suivant explore en détail le fonctionnement et les principes fondamentaux de la **Cyber Immunité Adaptative**, une stratégie conçue pour protéger les infrastructures critiques en combinant détection, adaptation et résilience dans une architecture évolutive et interconnectée.

Partie 2 : Les Piliers de la Cyber Immunité Adaptative

Cette partie explore les fondements de la Cyber Immunité Adaptative, une approche révolutionnaire pour protéger les infrastructures critiques. Elle détaille son fonctionnement, ses principes clés, et les technologies nécessaires à sa mise en œuvre. En combinant détection proactive, adaptation continue et résilience systémique, cette stratégie redéfinit les standards de la cybersécurité moderne.

Fonctionnement et Principes de la Cyber Immunité Adaptative

Comment la Cyber Immunité Adaptative redéfinit la cybersécurité ?

La cybersécurité traditionnelle repose sur des concepts bien établis : la détection des menaces, l'adaptation aux attaques et la réponse automatisée. Cependant, ces piliers, bien que fondamentaux, ont souvent été implémentés de manière isolée et réactive, limitant leur efficacité face aux cybermenaces modernes. La **Cyber Immunité Adaptative** marque un tournant en transformant ces piliers en une défense intégrée, organique et évolutive. Elle change la manière dont les infrastructures critiques sont protégées en introduisant des innovations clés qui révolutionnent la cybersécurité.

3.1. Approche Écosystémique : Une Défense Holistique et Interconnectée

Limite actuelle : Des silos défensifs

Les outils de cybersécurité actuels (IDS, EDR, SOAR, etc.) opèrent souvent de manière isolée. Chaque composant agit indépendamment, générant des alertes sans coordination globale, ce qui crée des silos. Cette fragmentation limite l'efficacité de la réponse aux menaces complexes et coordonnées.

Cyber Immunité Adaptative : Un organisme vivant numérique

La Cyber Immunité Adaptative transforme cette fragmentation en un **écosystème interconnecté**, où chaque composant agit comme une cellule dans un organisme vivant.

- **Collaboration en temps réel** : Les systèmes partagent instantanément des informations sur les menaces, ajustant leurs comportements collectivement.
- **Autonomie interconnectée** : Chaque élément fonctionne indépendamment tout en contribuant à une défense globale et cohérente.

Exemple :

Dans un réseau énergétique, un capteur détecte une anomalie dans un flux SCADA. Immédiatement, les autres composants (pare-feu, SOAR, SIEM) sont alertés et coordonnent leurs actions pour isoler la menace et protéger le système.

3.2. Évolution Proactive : Une Défense en Constante Amélioration

Limite actuelle : Une réaction aux menaces passées

Les systèmes traditionnels d'apprentissage automatique s'appuient sur des données historiques pour améliorer leurs modèles. Ils réagissent après coup, exploitant les leçons des attaques passées, mais peinent à anticiper les stratégies nouvelles et complexes.

Cyber Immunité Adaptative : Une évolution proactive

- **Modèles prédictifs avancés** : Capables de simuler des scénarios d'attaque inédits, anticipant les comportements futurs des cybermenaces.
- **Mémoire cybernétique globale** : Une base de données enrichie en temps réel, alimentée par des informations provenant de multiples secteurs (finance, énergie, santé, transport) et infrastructures.

Exemple :

Un ransomware inconnu est détecté dans une banque. Grâce à un algorithme prédictif, le système identifie non seulement la menace actuelle, mais aussi les variantes possibles. Cette information est immédiatement partagée avec d'autres banques pour les protéger avant qu'elles ne soient ciblées.

3.3. Résilience et Continuité Totale : Une Immunité Contextuelle

Limite actuelle : Des interruptions majeures en cas d'attaque

La cybersécurité traditionnelle se concentre sur la neutralisation des menaces ou la réduction des impacts. Cependant, elle n'intègre pas toujours une vision complète de résilience, ce qui peut entraîner des interruptions critiques avant que les défenses soient rétablies.

Cyber Immunité Adaptative : Continuité et adaptation contextuelle

- **Fonctionnement sous attaque** : Les systèmes continuent de fonctionner, même sous menace, en isolant les segments compromis tout en maintenant les opérations essentielles.
- **Adaptation en temps réel** : Garantit que les futures attaques ne peuvent pas exploiter les mêmes vecteurs.

Exemple :

Lorsqu'un hôpital est ciblé par une attaque sur ses dispositifs IoT, le système de Cyber Immunité Adaptative isole automatiquement les appareils compromis tout en préservant les équipements critiques, comme les respirateurs connectés.

3.4. Intelligence Collective : Une Mémoire Partagée au-delà des Silos

Limite actuelle : Une collaboration fragmentée

Les organisations travaillent souvent en vase clos, isolant les données sur les menaces. Ces silos réduisent l'efficacité globale des défenses, car chaque entité doit réagir individuellement aux attaques.

Cyber Immunité Adaptative : Une immunité communautaire numérique

- **Partage de mémoire collective** : Chaque organisation enrichit une base de données universelle des menaces, accessible à d'autres secteurs.
- **Détection préventive intersectorielle** : Une menace identifiée dans un domaine (finance) peut être prévenue dans un autre (santé) avant même qu'elle ne se manifeste.

Exemple :

Une tentative d'intrusion via une chaîne d'approvisionnement est détectée dans une infrastructure industrielle. Les informations sur cette attaque sont immédiatement partagées avec des fournisseurs de services critiques, empêchant la menace de se propager.

3.5. Automatisation Organique : Une Réponse Autonome et Coordonnée

Limite actuelle : Des réponses rigides et préprogrammées

Les outils actuels, comme les plateformes SOAR, suivent des playbooks prédéfinis pour orchestrer leurs actions. Bien que puissants, ils manquent de flexibilité pour s'adapter aux scénarios d'attaque imprévus ou évolutifs.

Cyber Immunité Adaptative : Une orchestration dynamique

- **Automatisation organique** : Inspirée des cytokines biologiques, chaque composant agit en fonction du contexte et coordonne ses actions avec les autres systèmes.
- **Réponse évolutive** : Les actions s'ajustent en temps réel en fonction des dynamiques de l'attaque, sans intervention humaine.

Exemple concret :

Lorsqu'un endpoint compromis est détecté, un système de Cyber Immunité Adaptative coordonne automatiquement plusieurs actions : isolation du segment affecté, blocage des adresses IP malveillantes, et neutralisation des charges utiles tout en alertant les administrateurs.

3.6 Pourquoi la Cyber Immunité Adaptative change la donne ?

i. Transformation des objectifs

- La cybersécurité traditionnelle cherche à empêcher les attaques.
- La Cyber Immunité Adaptative, elle, vise à **vivre avec les menaces** en minimisant leurs impacts tout en évoluant constamment pour devenir plus forte.

ii. De la protection à l'immunité

- Les systèmes actuels protègent contre des vecteurs d'attaque spécifiques.
- La Cyber Immunité Adaptative crée une **immunité systémique**, où les menaces deviennent inefficaces à long terme.

iii. Vision intégrée et évolutive

- Ce n'est pas une simple combinaison de technologies existantes, mais une **philosophie intégrée** où chaque élément défensif fonctionne comme une partie d'un tout organique.

3.7 Conclusion

Après avoir exploré comment la Cyber Immunité Adaptative redéfinit les fondations de la cybersécurité en intégrant des mécanismes interconnectés, proactifs et résilients, il est temps d'examiner comment ces principes prennent forme dans une architecture concrète.

Le chapitre suivant se concentre sur l'opérationnalisation de ces concepts à travers une structure modulaire composée de quatre couches interconnectées : Détection, Réponse, Adaptation et Résilience. Ces couches forment le socle d'un écosystème défensif dynamique, conçu pour relever les défis complexes des cybermenaces modernes.

Architecture Globale et Modèle Opérationnel de la Cyber Immunité Adaptative (CIA)

4.1 Introduction

Les cybermenaces modernes imposent une remise en question des approches traditionnelles de la cybersécurité. Dans ce contexte, la **Cyber Immunité Adaptative** se positionne comme une réponse stratégique et innovante, capable de relever les défis complexes auxquels sont confrontées les infrastructures critiques. Inspirée par le système immunitaire humain, cette approche s'appuie sur une architecture dynamique et interconnectée, capable de détecter, répondre, s'adapter et résister aux menaces tout en garantissant la continuité des opérations.

Contrairement aux solutions fragmentées et souvent rigides des systèmes actuels, la Cyber Immunité Adaptative repose sur une organisation fluide et modulaire, structurée autour de **quatre couches fonctionnelles** :

La Couche de Détection : Elle assure une surveillance continue et proactive des environnements critiques, s'appuyant sur des capteurs intelligents et des outils avancés comme les IDS/IPS et l'analyse comportementale enrichie par l'intelligence artificielle.

La Couche de Réponse : Elle orchestre des actions automatisées et coordonnées pour neutraliser rapidement les menaces détectées, grâce à des plateformes telles que SOAR.

La Couche d'Adaptation : Alimentée par le Machine Learning et une mémoire cybernétique globale, elle ajuste les stratégies défensives en fonction des menaces émergentes, tout en enrichissant les connaissances pour l'avenir.

La Couche de Résilience : Elle garantit la continuité des opérations en cas de perturbation, en isolant les segments compromis et en activant des mécanismes de basculement et de reprise rapide.

Ces quatre couches interagissent de manière fluide et collaborative, formant un écosystème harmonieux qui répond aux besoins des infrastructures critiques dans un monde numérique en constante évolution.

Concept stratégique	Couche opérationnelle	Description fonctionnelle	Technologies associées
Écosystème interconnecté	Couche de Détection	Surveillance proactive des menaces grâce à une analyse en temps réel des flux et comportements.	SIEM, IDS/IPS, UEBA, capteurs IoT/SCADA
Évolution proactive	Couche d'Adaptation	Ajustement des défenses en fonction des nouvelles menaces, basé sur le machine learning et l'IA.	Machine learning, IA, simulations BAS
Résilience et continuité	Couche de Résilience	Maintien des opérations critiques même sous attaque, grâce à des mécanismes de restauration et d'isolation.	Backup & Recovery, PCA/PRA, segmentation
Automatisation organique	Couche de Réponse	Neutralisation rapide et automatisée des menaces grâce à l'orchestration dynamique.	SOAR, IAM adaptatif, pare-feu dynamique, EDR

Correspondance entre les concepts stratégiques et les couches opérationnelles

4.2 Les Quatre Couches Interconnectées de la CIA

L'architecture globale de la CIA repose sur quatre couches principales, chacune jouant un rôle spécifique dans la défense contre les cybermenaces :

Architecture Interconnectée de la Cyber Immunité Adaptative

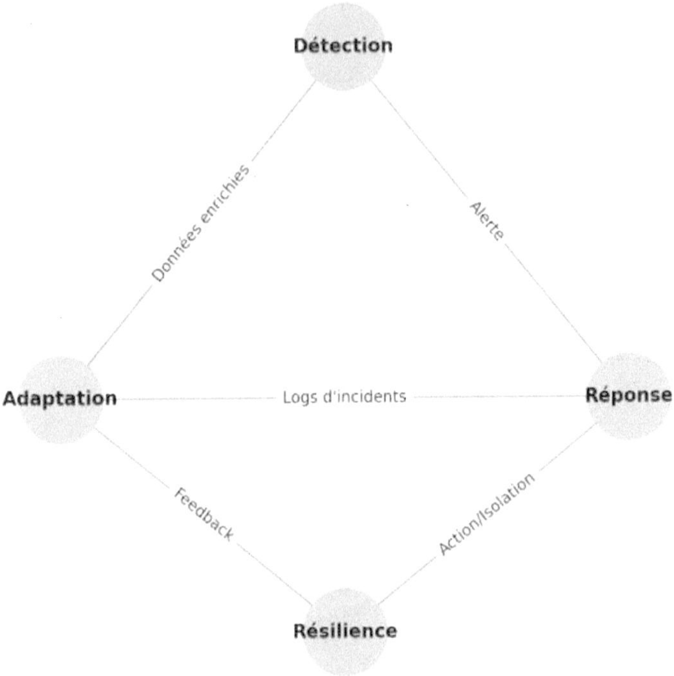

4.2.1 Couche de Détection : La Surveillance Proactive

La **couche de détection** est la première ligne de défense dans l'architecture de **Cyber Immunité Adaptative (CIA)**. Son objectif est d'**identifier les menaces émergentes** et les **anomalies** de manière proactive avant qu'elles n'entraînent des dommages.

4.2.1.1Objectifs clés:

- Identifier les comportements anormaux en temps réel.
- Analyser les journaux et flux de données pour détecter des menaces cachées.
- Anticiper les attaques avant qu'elles ne se concrétisent.

Pour assurer cette surveillance proactive, plusieurs technologies sont intégrées dans cette couche :

A. Firewall et IDS/IPS (Intrusion Detection & Prevention Systems)

- **Rôle** : Filtrage et surveillance du trafic réseau.
- **Fonctionnement:**

Firewall : Contrôle des accès basés sur des règles statiques et dynamiques.

IDS (Détection) : Identification des tentatives d'intrusion via des signatures connues.

IPS (Prévention) : Blocage automatique des comportements suspects.

Limites : Détection basée sur des signatures, donc moins efficace face aux Étapes de Fonctionnement :

B. SIEM Enrichi par l'Intelligence Artificielle (Security Information and Event Management)

- **Rôle** : Collecte, corrélation et analyse des journaux de sécurité.
- **Fonctionnement :**

Centralisation des événements issus de divers systèmes (pare-feu, IDS, EDR...).

Utilisation de l'IA pour la corrélation avancée et la réduction des faux positifs.

- **Avantages :**

Corrélation multi-sources pour une vue globale des menaces.

Réduction des alertes non pertinentes via l'IA.

C. UEBA (User and Entity Behavior Analytics)

- **Rôle** : Détection des comportements anormaux basés sur l'activité utilisateur et entité.
- **Fonctionnement** :

Analyse comportementale avancée basée sur l'apprentissage automatique.

Détection des écarts par rapport aux comportements habituels.

Exemple : Un employé télécharge des volumes de données inhabituels.

- **Avantages** :

Identification des menaces interne.

Détection des menaces non basées sur des signatures.

D. EDR (Endpoint Detection & Response)

- **Rôle** : Surveillance et réponse aux menaces sur les terminaux.
- **Fonctionnement** :

Surveillance des fichiers, processus et comportements anormaux sur les endpoints.

Réponse automatique : Isolation, Blocage ou Restauration.

Exemple : Détection d'un processus de chiffrement suspect signalé comme un ransomware.

- **Avantages** :

Protection locale sur chaque poste de travail.

Intégration avec les autres systèmes via SIEM et SOAR.

E. Capteurs IoT et SCADA (Supervisory Control and Data Acquisition)

- **Rôle** : Surveillance des environnements industriels et IoT.
- **Fonctionnement** :

Analyse du trafic entre les dispositifs connectés.

Détection des tentatives d'intrusion ou de manipulation.

Exemple: Un capteur SCADA détecte une tentative de modification non autorisée sur une vanne industrielle.

- **Avantages**:

Protection des infrastructures critiques.

Adapté aux environnements OT (Operational Technology).

4.2.1.2. Flux Opérationnel dans la Couche de Détection :

- **Collecte des Données :**

Le SIEM collecte les journaux des pares-feux, IDS/IPS, EDR et capteurs.

- **Corrélation et Analyse :**

Les données sont croisées avec les règles existantes et enrichies par l'IA.

- **Détection des Anomalies :**

UEBA et EDR analysent les comportements anormaux.

- **Alerte et Prévention :**

En cas de menace confirmée, le SOAR déclenche une réponse automatisée.

4.2.1.3. Avantages Clés de la Couche de Détection dans la CIA :

- **Détection Proactive :** Identification des menaces avant impact.
- **Réduction des Faux Positifs :** Grâce à l'analyse comportementale et l'IA.
- **Corrélation Globale :** Prise en compte de toutes les sources de données.
- **Surveillance Continue :** Collecte et analyse 24/7.

4.2.1.4. Défis et Limites:

- Complexité des Alertes : Un excès de faux positifs peut saturer les équipes SOC.
- Manque de Visibilité sans IA : Nécessite des outils d'analyse avancée.
- Protection Réactive : Limité sans une couche de réponse automatisée.

4.2.1.5. Exemples d'Utilisation :

Cas 1 : Attaque par Phishing Avancée

Un utilisateur reçoit un e-mail frauduleux.

UEBA détecte un comportement anormal de téléchargement.

Le SIEM corrèle l'activité suspecte et déclenche le SOAR.

Cas 2 : Tentative d'Intrusion Réseau (IDS/IPS)

Un IDS détecte un trafic anormal depuis une IP externe.

IPS bloque automatiquement l'accès.

Le SIEM enregistre l'incident et met à jour la base de données de menaces.

4.2.1.6. Intégration dans l'Architecture Globale de la CIA :

La **couche de détection** joue un rôle **central** dans l'écosystème de la CIA :

- Alimente la couche de Réponse (SOAR et isolation automatisée).
- Contribue à la couche Adaptation via les données collectées enrichies.
- Renforce la Résilience en anticipant les menaces.

4.2.1.7. Conclusion : Un Pilier Essentiel de la Cyber Immunité Adaptative

La **couche de détection** dans le modèle **CIA** est essentielle pour offrir une **surveillance proactive** et**intelligente**.
Elle permet :

- Une détection avancée et en temps réel.
- Un filtrage intelligent des alertes.
- Une **intégration fluide**avec les autres couches du modèle.

4.2.2 Couche de Réponse : L'Orchestration Automatisée dans la Cyber Immunité Adaptative (CIA)

La **Couche de Réponse** dans l'architecture de la **Cyber Immunité Adaptative (CIA)** est conçue pour **neutraliser automatiquement** les menaces identifiées, en minimisant le délai d'intervention humaine. Elle se distingue par l'**automatisation intelligente** des contre-mesures, permettant de maintenir la **continuité des opérations** lors d'une cyberattaque.

4.2.2.1. Objectifs Clés :

- Neutralisation Rapide : Réagir immédiatement après la détection d'une menace.
- Automatisation : Orchestration automatisée des actions défensives.
- Coordination Globale : Intégration fluide entre les outils de détection et d'action.

Pour garantir une réponse automatisée et coordonnée, plusieurs outils avancés sont intégrés dans cette couche :

A. SOAR (Security Orchestration, Automation, and Response)

- **Rôle** : Automatisation des processus de réponse aux incidents.
- **Fonctionnement** :
- Collecte les alertes depuis le **SIEM** ou les capteurs.
- Orchestration des actions : **blocage IP**, **isolation réseau**, **révocation des accès**.
- Exécution de **playbooks** prédéfinis pour gérer des menaces spécifiques.
- **Avantages** :
- Réduction du **temps moyen de réponse (MTTR)**.
- Orchestration des actions **sans intervention humaine**.

B. IAM Adaptatif (Identity & Access Management)

- **Rôle** : Contrôle et gestion des accès en fonction des comportements suspects.
- **Fonctionnement** :
- Surveillance continue des **comportements d'accès**.
- Restriction automatique des **privilèges d'accès**lors d'une menace.
- Intégration avec **UEBA** pour détecter les comportements anormaux.

Exemple : Si un employé tente de se connecter depuis un pays non autorisé, l'accès est suspendu automatiquement.

- **Avantages** :
- Prévention des **mouvements latéraux**.
- Réduction du risque de **compromission des identifiants**.

C. EDR (Endpoint Detection & Response)

- **Rôle** : Containment et réponse locale sur les terminaux.
- **Fonctionnement** :
- Détection de processus malveillants sur les endpoints.
- **Isolation automatique** de la machine compromise du reste du réseau.
- Collecte de preuves pour les équipes SOC.

Exemple: Un ransomware est détecté sur un poste. L'EDR bloque automatiquement le terminal et isole l'utilisateur.

- **Avantages** :
- Réduction de la **propagation** des menaces.
- Protection **individuelle** des postes de travail.

D. Pare-feu Dynamique et Filtrage Adaptatif

- **Rôle** : Ajustement en temps réel des règles de sécurité réseau.
- **Fonctionnement** :
- Analyse continue du trafic réseau.
- Blocage **dynamique** des IP suspectes détectées.
- **Adaptation automatique** des politiques selon le niveau de

menace.

Exemple : Lors d'une tentative de scan de ports, le pare-feu bloque dynamiquement l'IP source.

- **Avantages** :
- Réduction des **faux positifs**.
- Protection **évolutive** en temps réel.

4.2.2.2. Flux Opérationnel dans la Couche de Réponse

Voici comment les différents composants collaborent dans un scénario typique :

Étapes de la Réponse Automatisée :

- Détection Initiale : Un SIEM enrichi par IA détecte un comportement suspect (ex. tentative d'accès non autorisé).
- Envoi de l'Alerte : L'alerte est envoyée au SOAR.
- Analyse et Corrélation : Le SOAR évalue l'alerte et déclenche un playbook de réponse automatisée.
- Action Automatique : Le pare-feu dynamique bloque l'IP, et l'EDR isole le terminal infecté.
- Suivi et Rapports : Un rapport est généré automatiquement et enrichit la mémoire cybernétique.

4.2.2.3. Cas Pratique : Attaque de Phishing Avancée

- **Contexte :**

Un employé reçoit un e-mail de phishing sophistiqué contenant un lien malveillant.

- **Déroulement de la Réponse :**
- Détection : Le SIEM détecte un comportement anormal (tentative de connexion massive).
- Analyse : Le SOAR corrèle cette activité avec des tentatives similaires observées sur d'autres endpoints.
- **Réponse Automatisée :**
- L'EDR isole l'endpoint.
- L'IAM adaptatif bloque temporairement l'accès de l'utilisateur.
- Le pare-feu dynamique bloque l'IP source.
- **Résultats :**
- La menace est stoppée avant qu'elle n'affecte l'ensemble du réseau.
- Un rapport est généré pour amélioration continue des règles de sécurité.

4.2.2.4. Avantages Clés de la Couche de Réponse dans la CIA :

- **Réduction du Temps de Réponse (MTTR)** : Les actions sont automatisées dès la détection.
- **Neutralisation Automatique :** Moins de dépendance à l'intervention humaine.
- **Orchestration Unifiée :** Collaboration transparente entre**SIEM, SOAR, IAM et EDR**.
- **Réduction des Faux Positifs :** Analyse multi-sources et prise de décision basée sur l'IA.
- **Amélioration Continue :** Retour d'expérience intégré dans la **mémoire cybernétique**.

4.2.2.5. Défis et Limites Potentielles:

- **Sur-automatisation :** Risque de**blocages intempestifs** (ex. faux positifs critiques).
- **Complexité de Configuration :** Nécessite des**playbooks** bien définis.
- **Maintenance :** Les règles doivent être **mises à jour** régulièrement.

4.2.2.6. Intégration avec les Autres Couches de la CIA :

La **Couche de Réponse** est conçue pour fonctionner de manière **interconnectée** :

- Détection : Utilise les alertes du SIEM et de l'UEBA.
- Adaptation : Ajuste dynamiquement les règles des outils IAM et Pare-feu.
- Résilience : Peut déclencher des plans de reprise via le Backup & Recovery.

4.2.27. Conclusion : La Réponse Automatisée, Pilier de la CIA

La **Couche de Réponse** dans la **Cyber Immunité Adaptative** permet de **neutraliser efficacement** les menaces tout en réduisant l'intervention humaine.

Elle garantit :

- **Automatisation avancée**des actions correctives.
- **Réduction des délais** de réponse aux incidents.
- **Coordination fluide** entre tous les outils de cybersécurité.

4.2.3 Couche d'Adaptation : Évolution Dynamique et Machine Learning dans la Cyber Immunité Adaptative (CIA)

La **Couche d'Adaptation** de la **Cyber Immunité Adaptative (CIA)** est conçue pour **ajuster dynamiquement** les défenses de cybersécurité en fonction des menaces émergentes et des comportements observés. Elle introduit l'apprentissage automatique et l'amélioration continue des règles de sécurité.

4.2.3.1 Objectifs Clés :

- Évolution Continue : Ajustement des politiques de sécurité en temps réel.
- Apprentissage Machine : Enrichissement des règles de détection basées sur l'analyse des incidents.
- Réduction des Faux Positifs : Ajustement intelligent des alertes.

La couche d'adaptation repose sur des outils et technologies permettant un **apprentissage constant** et une **évolution automatique** de la stratégie de défense.

A. Machine Learning et Intelligence Artificielle (IA)

- **Rôle** : Identifier les tendances et adapter les règles de sécurité.
- **Fonctionnement** :
- Analyse des **données historiques** et des comportements actuels.
- Détection de **patterns récurrents** et ajustement des modèles de menace.
- **Exemple :** Un algorithme d'IA détecte une variation dans

les comportements d'accès à un serveur et met à jour automatiquement les règles de pare-feu.

- **Avantages** :
- Amélioration continue de la **précision** des alertes.
- **Auto-apprentissage** et réduction des erreurs humaines.

B. UEBA (User and Entity Behavior Analytics)

- **Rôle** : Détection des anomalies comportementales en temps réel.
- **Fonctionnement** :
- Analyse les comportements des **utilisateurs et entités**.
- Établit des **profils de normalité** pour chaque compte ou terminal.
- Détecte les **déviations suspectes** et ajuste les seuils d'alerte.
- **Exemple :** Un utilisateur accède soudainement à des fichiers sensibles hors de ses horaires habituels. L'UEBA adapte les permissions d'accès.
- **Avantages** :
- Réduction des **faux positifs**.
- **Détection avancée**des menaces internes.

C. IAM Adaptatif (Gestion des Identités et Accès)

- **Rôle** : Ajuster dynamiquement les droits d'accès.
- **Fonctionnement** :
- Surveillance continue des**comportements d'accès**.
- Restriction **temporaire** des accès en cas de suspicion.
- Intégration avec l'IA pour ajuster les privilèges en fonction des niveaux de risque.
- **Exemple :** Un utilisateur accède soudainement à des fichiers

critiques depuis un terminal inconnu. Le MFA adaptatif exige une nouvelle vérification d'identité.

- **Avantages**:
- **Contrôle en temps réel** des accès.
- Réduction des risques de **compromission des comptes**.

D. Simulation et Test des Défenses (Breach & Attack Simulation - BAS)

- **Rôle** : Tester les défenses et ajuster les réponses en conséquence.
- **Fonctionnement** :
- Lancement de **simulations automatisées** d'attaques dans un environnement contrôlé.
- Identification des faiblesses et mise à jour des règles du**SIEM, SOAR et EDR**.
- **Exemple :** Un test de ransomware simulé met en évidence une faiblesse dans la gestion des accès. L'IAM adapte immédiatement les restrictions.
- **Avantages**:
- Amélioration continue des **capacités défensives**.
- Tests réguliers sans impact sur les opérations.

4.2.3 2. Flux Opérationnel dans la Couche d'Adaptation :

Étapes de l'Adaptation Dynamique :

- **Collecte des Données :**
- Les journaux SIEM, alertes IDS/IPS, et comportements UEBA sont collectés.
- **Analyse Comportementale :**

- Les modèles UEBA et IA identifient des anomalies ou des schémas suspects.
- **Ajustement Dynamique :**
- Le SOAR déclenche une mise à jour automatique des règles de pare-feu et droits d'accès.
- **Feedback Continu :**
- Les résultats sont ajoutés à la mémoire cybernétique pour enrichir les futures détections.

4.2.3.3. Cas Pratique : Compromission d'un Compte Utilisateur

- **Contexte :**

Un employé tente d'accéder à des fichiers confidentiels depuis un terminal non reconnu.

- **Déroulement de l'Adaptation :**
- Détection Initiale : L'UEBA détecte un comportement inhabituel.
- Analyse : Le SIEM corrèle cet événement avec des logs d'accès similaires.
- Réponse : Le SOAR isole temporairement le compte.
- Adaptation :
- Le MFA adaptatif demande une authentification renforcée.
- Les règles IAM sont ajustées pour restreindre l'accès.
- Résultat : La menace est contenue et les règles sont automatiquement mises à jour.

4.2.3.4. Avantages Clés de la Couche d'Adaptation dans la CIA :

- **Évolution Continue :** Ajustement dynamique des stratégies de défense.
- **Automatisation Avancée :** Réduction de la dépendance à l'intervention humaine.
- **Détection Prédictive :** Identification des menaces avant qu'elles ne causent des dommages.
- **Personnalisation :** Adaptation spécifique à chaque utilisateur et environnement.

4.2.3.5. Défis et Limites de la Couche d'Adaptation :

- **Complexité Algorithmique :** La mise en place d'algorithmes IA avancés demande des ressources spécialisées.
- **Surveillance des Fausse Alertes :** Même avec l'IA, des ajustements continus sont nécessaires.
- **Sécurisation des Modèles :** Protection contre la corruption de modèles d'IA (data poisoning).

4.2.3.6 Intégration avec les Autres Couches de la CIA :

- **Détection :** Analyse en continu des alertes issues du SIEM et IDS/IPS.
- **Réponse :** Ajustement en temps réel des actions du SOAR et des accès IAM.
- **Résilience :** Intégration avec les tests BAS pour valider les modifications appliquées.

4.2.3.7. Conclusion : L'Adaptation, Clé de la Cybersécurité Moderne

La **Couche d'Adaptation** permet d'aller **au-delà de la défense statique** en introduisant un apprentissage et une **réactivité dynamique** face aux menaces. Elle garantit :

- Prédiction et anticipation avancées.
- Réduction des faux positifs.
- Amélioration continue des défenses.

4.2.4 Couche de Résilience : Continuité et Gestion de Crise dans la Cyber Immunité Adaptative (CIA)

La **Couche de Résilience** dans l'architecture de la **Cyber Immunité Adaptative (CIA)** a pour mission d'assurer la **continuité des opérations** face à une cyberattaque ou à une défaillance technique. Elle est essentielle pour **minimiser l'impact** des incidents et garantir la **restauration rapide** des systèmes critiques.

4.2.4.1 Objectifs Clés :

- Continuité Opérationnelle : Maintenir les activités essentielles malgré l'attaque.
- Récupération Rapide : Assurer la restauration des systèmes compromis.
- Préparation aux Crises : Simuler et tester la robustesse face aux cybermenaces.

Pour atteindre ces objectifs, plusieurs technologies avancées sont intégrées dans cette couche :

A. Sauvegarde et Reprise d'Activité (Backup & Recovery)

- **Rôle** : Garantir la restauration des données critiques après un incident.
- **Fonctionnement** :
- Réplication régulière des données.
- Sauvegardes segmentées (données actives et historiques).
- Restauration automatisée en cas de compromission ou de corruption.

Exemple : Après une attaque par ransomware, le système restaure automatiquement les fichiers depuis la dernière sauvegarde non compromise.

- **Avantages** :
- Minimisation des pertes de données.
- Automatisation des restaurations.

B. Segmentation et Isolation Dynamique

- **Rôle** : Limiter la propagation d'une menace en cas de compromission.
- **Fonctionnement** :
- Détection des comportements suspects sur un segment réseau.
- Isolation automatisée des serveurs compromis ou des postes infectés.
- Reconnexion uniquement après vérification de l'intégrité.
- Exemple : Un endpoint infecté par un malware est automatiquement isolé par le pare-feu dynamique.
- **Avantages** :

- Prévention de la latéralisation des attaques.
- Confinement rapide des menaces.

C. Plans de Continuité d'Activité (PCA) et Plan de Reprise d'Activité (PRA)

- **Rôle :** Maintenir les opérations critiques malgré une cyber-attaque.
- **Fonctionnement** :
- Définition de priorités métiers (ex : systèmes financiers, SCADA).
- Redondance des services essentiels (data centers secondaires).
- Déclenchement automatisé d'un plan de basculement.

Exemple : En cas de panne majeure, un Data Center de secours est activé automatiquement.

- **Avantages :**
- Maintien des services vitaux.
- Réduction des interruptions.

D. Simulations de Crise et Tests de Résilience (Breach & Attack Simulation - BAS)

- **Rôle** : Tester la robustesse des plans de continuité et la capacité de récupération.
- **Fonctionnement** :
- Exécution de tests de reprise (ransomware, déni de service).
- Évaluation de la vitesse de récupération et des points de défaillance.

- Ajustement des stratégies basées sur les résultats des tests.

Exemple : Un scénario simulant un DDoS massif permet d'évaluer la résistance des systèmes de basculement.

- **Avantages** :
- Amélioration continue de la préparation.
- Détection des points faibles.

E. Redondance et Tolérance aux Pannes

- **Rôle** : Assurer la disponibilité des services critiques.
- **Fonctionnement** :
- Réplication de systèmes sur des infrastructures distinctes.
- Basculement automatique vers une infrastructure secondaire en cas de panne.

Exemple : Un hôpital utilisant une redondance des bases de données pour garantir l'accès aux dossiers patients en cas de panne.

- **Avantages** :
- Haute disponibilité des services.
- Continuité opérationnelle même lors d'une attaque.

4.2.4.2. Flux Opérationnel de la Couche de Résilience :

- **Étapes Clés :**
- Détection de la Menace : Une alerte SIEM signale un comportement suspect.
- Isolement Dynamique : Le pare-feu dynamique bloque le

segment réseau compromis.

- Restauration Automatisée : Le Backup & Recovery restaure les fichiers chiffrés.
- Validation de l'Intégrité : Des tests BAS sont réalisés pour valider la restauration.
- Mise à Jour : Les résultats du test alimentent la mémoire cybernétique pour affiner les défenses.

4.2.4.3. Cas Pratique : Attaque Ransomware sur un Data Center Bancaire

- **Contexte :**

Un **ransomware** se propage dans un data center bancaire, chiffrant des bases de données critiques.

- **Déroulement :**
- Détection : Le SIEM détecte des activités de chiffrement anormales.
- Réponse : Le SOAR déclenche l'isolation des serveurs impactés.
- **Résilience :**
- Activation du PRA avec basculement vers un serveur secondaire.
- Restauration des fichiers via Backup & Recovery.
- Simulation d'une attaque supplémentaire pour valider la sécurité restaurée.
- **Résultats :**
- Le service est maintenu avec zéro perte de données.
- Les systèmes sont renforcés avec de nouvelles politiques de protection.

4.2.4.4. Avantages Clés de la Couche de Résilience dans la CIA :

- **Minimisation des Interruptions :** Continuité garantie même lors d'un incident grave.
- **Automatisation Totale :** Réponse et restauration autonomes.
- **Réduction des Pertes de Données :** Sauvegardes et restaurations automatisées.
- **Test et Préparation Régulière :** Simulations pour améliorer les défenses.

4.2.4.5. Défis et Limites Potentielles:

- **Coût d'Implémentation :** La redondance et l'automatisation avancée peuvent être coûteuses.
- **Complexité de Gestion :** La coordination entre **PRA, PCA et Backup** nécessite des outils spécialisés.
- **Maintenance Continue :** Nécessité de tester régulièrement les mécanismes de basculement.

4.2.4.6. Intégration avec les Autres Couches de la CIA :

- **Détection :** Identification précoce des comportements suspects avant l'activation des mécanismes de résilience.
- **Réponse :** Isolation dynamique et déclenchement des PRA/PCA.
- **Adaptation :** Tests de reprise pour améliorer les défenses futures.

4.2.4.7. Conclusion : La Résilience, Dernière Ligne de Défense Critique

La **Couche de Résilience** est essentielle pour garantir une **continuité des opérations** face à des menaces avancées.

Elle permet :

- Continuité des opérations.
- Restauration autonome et automatisée.
- Préparation proactive aux crises.

4.3 Comparaison Stratégique entre la Cybersécurité Traditionnelle et la Cyber Immunité Adaptative (CIA)

Dans le paysage actuel des cybermenaces, les approches de **cybersécurité traditionnelle** montrent des limites face à l'évolution constante des techniques d'attaque. Ces méthodes, souvent centrées sur des **détections réactives** et des**règles statiques**, peinent à répondre efficacement aux menaces émergentes comme les attaques **zero-day**, les ransomwares avancés et les menaces internes.

En comparaison, la **Cyber Immunité Adaptative (CIA)** représente une **évolution majeure** en intégrant des mécanismes **proactifs**, **automatisés** et **intelligents**. Grâce à l'utilisation de **l'intelligence artificielle**, du **machine learning** et de la **mémoire cybernétique**, la CIA permet une défense plus dynamique et efficace, capable de **détecter, répondre, s'adapter et se renforcer** face aux cyberattaques.

Le tableau suivant offre une **comparaison détaillée** entre ces deux approches, mettant en lumière les différences fondamentales dans leur fonctionnement, leurs capacités d'automatisation et leur capacité à anticiper les menaces.

Aspect	Cybersécurité Traditionnelle	Cyber Immunité Adaptative (CIA)
Détection des Menaces	Détection réactive basée sur des signatures (IDS, Firewall).	Détection proactive enrichie par IA et comportementale.
Réponse aux Incidents	Réponse manuelle et souvent retardée.	Réponse automatisée via SOAR et containment dynamique.
Adaptation et Évolution	Règles statiques nécessitant des mises à jour manuelles.	Adaptation continue grâce à l'IA et au Machine Learning.
Résilience et Continuité	Sauvegardes périodiques, récupération lente.	Redondance automatisée et restauration rapide (Backup & Recovery).
Automatisation	Faible, dépend fortement de l'intervention humaine.	Haute automatisation des processus.
Réduction des Faux Positifs	Élevé, alertes non corrélées.	Réduction significative via l'IA et la corrélation des alertes.
Capacité Proactive	Faible, approche réactive uniquement.	Proactivité maximale avec simulations et tests continus.
Mémoire Cybernétique	**Absente** : Chaque attaque est traitée isolément.	**Présente** : Enrichissement continu basé sur les incidents passés.

Cybersécurité Traditionnelle vs la Cyber Immunité Adaptative (CIA)

4.4 Redéfinition du SOC dans le Modèle CIA

Introduction : Pourquoi Réinventer le SOC ?

Le Security Operations Center (SOC) est le cœur de la cybersécurité d'une organisation, responsable de la détection, de la réponse et de la gestion des cybermenaces. Cependant, les SOC traditionnels sont confrontés à des défis croissants : un volume élevé de menaces, des outils fragmentés et une surcharge des équipes. Ces limitations rendent difficile une gestion efficace des incidents de sécurité.

Face à ces défis, la **Cyber Immunité Adaptative (CIA)** propose une refonte complète, transformant le SOC en une entité proactive, automatisée et résiliente. En intégrant des mécanismes avancés comme l'intelligence artificielle (IA), l'automatisation orchestrée et une mémoire cybernétique globale, le SOC devient une plateforme capable de détecter, répondre et s'adapter en temps réel. Ce chapitre explore comment le modèle CIA révolutionne le SOC pour relever les défis de la cybersécurité moderne.

4.4.1 Limites du SOC Traditionnel

Les SOC traditionnels présentent des lacunes qui limitent leur efficacité face à l'évolution rapide des cybermenaces.

4.4.2 SOC Adaptatif dans le Modèle CIA

Le SOC basé sur la **Cyber Immunité Adaptative (CIA)** surmonte ces limites en introduisant des technologies avancées et des mécanismes interconnectés.

4.4.3 Études de Cas : Applications Pratiques

Scénario 1 : Attaque par Ransomware

- **SOC Traditionnel** : Détection tardive, propagation rapide de l'attaque, intervention manuelle coûteuse.
- **SOC CIA** : Détection proactive grâce à l'IA, isolation automatique du terminal compromis via EDR, restauration rapide des fichiers avec Backup & Recovery.

Scénario 2 : Intrusion Réseau

- **SOC Traditionnel** : Débordement des ressources humaines face à une saturation d'alertes.
- **SOC CIA** : Blocage automatique des adresses IP suspectes grâce au pare-feu dynamique, tout en maintenant la continuité des opérations critiques.

4.4.4 Intégration des Quatre Couches dans le SOC CIA

4.4.5 Cas Pratique Global : Attaque Ransomware dans une Infrastructure Financière

Contexte :

Un ransomware avancé tente de chiffrer les fichiers critiques d'une banque.

Étapes de Réponse Multi-Couches :

- **Détection :**
- SIEM détecte un comportement de chiffrement anormal.
- UEBA signale un accès suspect à des fichiers sensibles.
- **Réponse :**
- SOAR isole automatiquement le poste compromis via EDR.
- Pare-feu dynamique bloque l'IP source.
- **Adaptation :**
- L'IA ajuste les règles IAM pour restreindre temporairement l'accès.
- Un test BAS simule un autre scénario de ransomware.
- **Résilience :**
- Backup & Recovery restaure automatiquement les fichiers impactés.
- PCA déclenche le basculement vers un serveur secondaire.

4.4.6 Avantages Stratégiques de la Cyber Immunité Adaptative (CIA)

4.4.7 Conclusion : Une Révolution pour le SOC

Le modèle CIA redéfinit le SOC en le transformant en une entité autonome, interconnectée et résiliente. Cette révolution est rendue possible grâce à l'intégration des quatre couches du modèle CIA :

- **Détection proactive** pour prévenir les menaces émergentes.
- **Réponse automatisée** pour réduire les temps d'intervention.
- **Adaptation dynamique** pour évoluer avec les cybermenaces.
- **Résilience totale** pour assurer la continuité des activités critiques.

En adoptant le modèle CIA, les SOC deviennent des plateformes de défense robustes, capables de s'adapter en permanence à un paysage de cybermenaces en constante évolution.

Conclusion

L'**Architecture Globale de la Cyber Immunité Adaptative (CIA)**, explorée dans ce chapitre, repose sur une structure **innovante et modulaire** composée de **quatre couches interdépendantes** : **Détection, Réponse, Adaptation et Résilience**.

Chaque couche joue un rôle clé dans la transformation de la cybersécurité :

- **La Détection Proactive** assure une identification avancée des menaces avant qu'elles ne se concrétisent.
- **La Réponse Automatisée** réduit drastiquement le temps de réaction grâce à l'orchestration intelligente des outils.
- **L'Adaptation Dynamique** ajuste les défenses en continu grâce à l'IA et à la mémoire cybernétique.
- **La Résilience** garantit la continuité des opérations même face à des attaques sophistiquées.

En combinant **intelligence artificielle**, **apprentissage machine** et **gestion automatisée des menaces**, cette architecture va au-delà des modèles traditionnels de cybersécurité. Elle favorise une posture **proactive**, capable d'**anticiper** les menaces émergentes tout en **simplifiant** la gestion des infrastructures de sécurité.

Alors que nous avons exploré comment la CIA s'applique aux infrastructures on-premise et critiques, il est essentiel d'aborder un autre défi majeur : la sécurisation des environnements cloud. Avec la montée en puissance des **architectures hybrides** et **multi-cloud**, les modèles de sécurité doivent évoluer pour gérer :

- **La décentralisation des données et des services.**
- **L'augmentation des surfaces d'attaque.**
- **La gestion complexe des identités et permissions.**

Dans le prochain chapitre, nous verrons comment la CIA s'adapte parfaitement à ces environnements dématérialisés, en appliquant ses quatre couches de sécurité pour garantir une protection complète et automatisée des infrastructures cloud.

L'Innovation de la Cyber Immunité Adaptative (CIA) dans la Cybersécurité Cloud

Introduction : Pourquoi la Sécurité Cloud doit-elle Évoluer ?

L'évolution rapide vers la transformation numérique et l'adoption massive des environnements cloud ont bouleversé les paradigmes traditionnels de la cybersécurité. Les organisations modernes dépendent désormais d'infrastructures hybrides et multi-cloud pour leur agilité et leur scalabilité. Cependant, cette transition s'accompagne de défis majeurs, transformant la sécurité cloud en un enjeu stratégique.

En effet, la multiplication des services cloud et des points d'accès a considérablement élargi la surface d'attaque, exposant les organisations à des menaces sophistiquées et variées. Les erreurs de configuration, la gestion complexe des identités et permissions, ainsi que le manque de visibilité sur les environnements distribués accentuent ces vulnérabilités. À titre d'exemple, les erreurs humaines, telles que la mauvaise configuration de buckets de stockage, représentent jusqu'à 80 %

des incidents cloud. De plus, les cybercriminels exploitent de plus en plus ces failles, ciblant notamment les API cloud et les conteneurs Kubernetes avec des attaques zero-day et des ransomwares.

Les solutions de cybersécurité traditionnelles, conçues pour protéger des infrastructures statiques et centralisées, montrent leurs limites dans ce nouvel écosystème. Elles sont trop souvent fragmentées, réactives et inadaptées à l'échelle et à la dynamique des environnements cloud. Une approche qui repose sur des périmètres fixes ou des signatures statiques ne peut efficacement contrer les menaces évolutives auxquelles les organisations sont confrontées aujourd'hui.

Face à ces défis, la **Cyber Immunité Adaptative (CIA)** se distingue comme une solution innovante. Inspirée du fonctionnement du système immunitaire humain, la CIA offre une réponse systémique, proactive et résiliente. Elle repose sur une architecture structurée en **quatre couches interconnectées** : Détection, Réponse, Adaptation et Résilience. Chaque couche est conçue pour relever les défis spécifiques du cloud :

- **La Détection** fournit une surveillance proactive et en temps réel des ressources cloud, en s'appuyant sur des technologies avancées telles que les SIEM cloud-natifs, les plateformes de protection des workloads cloud (CWPP) et l'analyse comportementale (UEBA).
- **La Réponse** assure une orchestration automatisée des actions correctives, minimisant les délais d'intervention humaine grâce à des outils comme les plateformes SOAR et les IAM adaptatifs.
- **L'Adaptation** repose sur le machine learning pour ajuster dynamiquement les politiques de sécurité et anticiper les

menaces émergentes.

- **La Résilience** garantit la continuité des opérations, même en cas de cyberattaque majeure, grâce à des mécanismes avancés de sauvegarde, de segmentation et de reprise d'activité.

Cette architecture holistique et automatisée répond aux limitations des approches traditionnelles en offrant une visibilité globale, une coordination fluide entre les composants, et une capacité d'évolution continue face aux menaces. Par ailleurs, elle favorise une réduction drastique des faux positifs, une amélioration de la posture de sécurité, et une restauration rapide après incident.

Dans ce chapitre, nous explorerons en détail comment chaque couche de la Cyber Immunité Adaptative peut être appliquée pour sécuriser les environnements cloud modernes. Des exemples concrets, des technologies clés et des comparaisons avec les méthodes traditionnelles permettront de démontrer que la CIA ne se limite pas à une amélioration incrémentale, mais représente une transformation majeure de la sécurité cloud.

5.1. Couche de Détection dans le Cloud : Visibilité Globale et Surveillance Continue

La couche de détection est la première ligne de défense dans l'architecture de la Cyber Immunité Adaptative (CIA) appliquée aux environnements cloud. Son objectif est d'assurer une visibilité complète et une surveillance continue pour identifier les anomalies et menaces en temps réel. Dans un écosystème cloud où les données, les applications et les services sont répartis sur plusieurs plateformes (cloud privé, public, hybride, multi-cloud), cette couche joue un rôle crucial en fournissant une détection proactive et en renforçant la posture de sécurité globale.

5.1.1. Objectifs de la Couche de Détection dans le Cloud

- **Visibilité Étendue** : Collecter et analyser les données issues de différents environnements cloud (IaaS, PaaS, SaaS).
- **Détection Proactive** : Identifier les comportements anormaux et les menaces émergentes avant qu'elles n'aient un impact significatif.
- **Centralisation des Alertes** : Corréler les événements provenant de différentes sources pour réduire les silos et améliorer la réactivité.
- **Réduction des Faux Positifs** : Utiliser l'intelligence artificielle et l'analyse comportementale pour distinguer les véritables menaces des anomalies sans danger.

5.1.2. Technologies Clés pour la Détection dans le Cloud

La détection dans les environnements cloud repose sur une combinaison de technologies avancées qui assurent une surveillance en profondeur.

A. SIEM Cloud-Natif

- **Rôle** : Collecte et corrélation des logs de sécurité issus de différents services cloud.
- **Fonctionnalités** :
- Analyse centralisée des événements (journalisation des accès, activités réseau).
- Identification des menaces grâce à des règles prédéfinies et à l'apprentissage automatique.

- Intégration multi-cloud pour une vue unifiée.
- **Exemples** :
- *Azure Sentinel* : Fournit une visibilité sur les ressources Azure et autres plateformes.
- *AWS GuardDuty* : Détecte les menaces sur les charges de travail AWS.
- *Google Chronicle* : Analyse massive et rapide des journaux pour détecter les anomalies.

B. EDR Cloud et CWPP (Cloud Workload Protection Platform)

- **Rôle** : Surveiller et protéger les workloads (VM, conteneurs, Kubernetes) en temps réel.
- **Fonctionnalités** :
- Détection des anomalies sur les charges de travail cloud.
- Protection contre les malwares, ransomwares et attaques zero-day.
- Intégration avec les autres outils de sécurité pour une réponse coordonnée.
- **Exemples** :
- *CrowdStrike Falcon Cloud Workload Protection.*
- *Prisma Cloud* de Palo Alto.

C. IDS/IPS Virtualisés

- **Rôle** : Détection et prévention des intrusions spécifiques au trafic réseau dans les environnements cloud.
- **Fonctionnalités** :
- Analyse du trafic entrant et sortant.
- Blocage des comportements suspects en temps réel.
- **Exemples** :

- Trend Micro Deep Security : IDS/IPS adapté aux environnements cloud.

D. Outils UEBA Cloud (User and Entity Behavior Analytics)

- **Rôle** : Identifier les comportements anormaux des utilisateurs et entités dans le cloud.
- **Fonctionnalités** :
- Création de profils comportementaux basés sur les activités normales des utilisateurs.
- Détection des écarts, comme des connexions inhabituelles ou des téléchargements massifs de données.
- **Exemples** :
- Microsoft Defender for Cloud.

E. Capteurs IoT et SCADA Virtualisés

- **Rôle** : Surveiller les dispositifs connectés (IoT, SCADA) intégrés dans les environnements cloud.
- **Fonctionnalités** :
- Détection des manipulations non autorisées.
- Surveillance des interactions entre les appareils et les services cloud.

5.1.3. Flux Opérationnel dans la Couche de Détection

La couche de détection suit un processus en plusieurs étapes pour assurer une couverture complète des menaces dans le cloud :

- **Collecte des Données** :
- Les journaux des activités réseau, des accès utilisateurs,

et des charges de travail sont collectés à partir de sources variées, comme le SIEM, les IDS/IPS et les outils EDR.

- **Corrélation et Analyse :**
- Les données collectées sont analysées en temps réel par des moteurs d'intelligence artificielle pour détecter les anomalies et les activités suspectes.
- **Identification des Menaces :**
- Les outils UEBA détectent les comportements anormaux, tandis que les IDS/IPS identifient les intrusions réseau.
- **Alertes et Préventions :**
- Les anomalies confirmées déclenchent des alertes et des actions automatisées, comme le blocage des connexions suspectes.

5.1.4. Avantages de la Couche de Détection dans le Cloud

- **Visibilité Globale** : Une vue unifiée sur toutes les activités cloud, réduisant les angles morts.
- **Réduction des Faux Positifs** : Grâce à l'IA et à l'analyse comportementale, les équipes SOC se concentrent sur les menaces critiques.
- **Surveillance Continue** : Collecte et analyse en temps réel, assurant une protection 24/7.
- **Corrélation Multi-Cloud** : Capacité à agréger et analyser les données provenant de plusieurs plateformes.

5.1.5. Défis et Solutions

- **Défi : Gestion de la complexité des environnements multi-cloud.**
- Solution : Utiliser des SIEM et CWPP capables de s'intégrer

à des plateformes multiples.

- **Défi : Volume massif de données et alertes.**
- Solution : Implémenter des moteurs d'IA pour filtrer et hiérarchiser les alertes.
- **Défi : Détection des menaces avancées (zero-day).**
- Solution : Intégrer des IDS/IPS et des outils UEBA enrichis par l'apprentissage automatique.

5.1.6. Comparaison avec les Méthodes Traditionnelles

Aspect	Méthodes Traditionnelles	Cyber Immunité Adaptative dans le Cloud
Visibilité	Limitée à des environnements fixes	Globale sur les infrastructures multi-cloud
Détection des Anomalies	Basée sur des signatures statiques	Basée sur l'analyse comportementale et l'IA
Corrélation des Données	Fragmentée	Centralisée via SIEM cloud-natifs
Temps de Réponse	Lente et manuelle	Rapide et automatisée

5.1.7. Exemple d'Utilisation

Cas Pratique : Détection d'une Attaque sur une API Cloud

Contexte : Une API critique est exploitée pour exfiltrer des données sensibles.

Déroulement :

- Le SIEM détecte des requêtes suspectes sur l'API.
- L'UEBA identifie un comportement anormal lié à l'utilisateur exploitant l'API.
- Une alerte est générée et transmise à la couche de réponse.

Résultat :

- L'accès à l'API est automatiquement restreint.
- Les données exfiltrées sont analysées et contenues.

En conclusion, la couche de détection dans le cloud est un pilier fondamental de la Cyber Immunité Adaptative. Grâce à une visibilité étendue, une corrélation des données en temps réel et une capacité à identifier les menaces avancées, elle dépasse les limitations des approches traditionnelles. En intégrant des technologies comme les SIEM cloud-natifs, les UEBA et les EDR, cette couche garantit une protection proactive et complète des environnements cloud modernes.

5.2. Couche de Réponse dans le Cloud : Orchestration et Automatisation Avancée

La Couche de Réponse est un élément clé de la Cyber Immunité Adaptative (CIA) dans les environnements cloud. Elle permet de neutraliser rapidement les menaces détectées tout en réduisant les délais de réaction, grâce à une automatisation avancée et une orchestration coordonnée. Cette couche joue un rôle important pour minimiser l'impact des cyberattaques sur les opérations, en intégrant des outils sophistiqués capables d'exécuter des actions immédiates sans intervention humaine.

5.2.1. Objectifs de la Couche de Réponse

- **Neutralisation Rapide** : Réagir instantanément pour bloquer ou atténuer les menaces détectées.
- **Orchestration Automatisée** : Coordonner les actions entre différents outils et services pour une réponse fluide.
- **Réduction du Temps Moyen de Réponse (MTTR)** : Limiter les délais entre la détection d'une menace et sa neutralisation.
- **Maintien de la Continuité des Services** : Garantir que les opérations critiques se poursuivent malgré une attaque.

5.2.2. Technologies Clés pour la Réponse dans le Cloud

La réponse dans les environnements cloud s'appuie sur une combinaison de technologies avancées conçues pour orchestrer et automatiser les actions.

A. SOAR Cloud (Security Orchestration, Automation, and Response)

- **Rôle** : Automatiser les réponses aux incidents détectés et coordonner les actions entre différents outils de sécurité.

- **Fonctionnalités** :
- Déclenchement automatique de playbooks pour des scénarios spécifiques.
- Coordination entre SIEM, EDR, pare-feu, ct autres outils de sécurité.
- Génération de rapports post-incident pour enrichir la mémoire cybernétique.
- **Exemples :**
- Splunk Phantom : Orchestration et exécution de playbooks automatisés.
- Cortex XSOAR : Gestion unifiée des réponses aux incidents.

B. IAM Adaptatif (Identity & Access Management)

- **Rôle** : Contrôler dynamiquement les identités et les permissions dans le cloud pour prévenir les mouvements latéraux et les escalades de privilèges.
- **Fonctionnalités** :
- Surveillance continue des accès et activités utilisateurs.
- Révocation automatique des privilèges en cas de comportement suspect.
- Intégration avec UEBA pour une détection des anomalies.
- **Exemples** :
- Okta Adaptive MFA : Gestion adaptative des accès avec authentification multifacteur.
- Azure AD Premium : Restriction dynamique des privilèges d'accès.

C. Pare-feu Applicatif Cloud (Web Application Firewall - WAF)

- **Rôle** : Protéger les applications hébergées dans le cloud contre les attaques web courantes (injections SQL, attaques XSS).

- **Fonctionnalités** :
- Blocage automatique des requêtes malveillantes.
- Adaptation des règles en fonction des menaces détectées.
- **Exemples** :
- AWS WAF : Protection en temps réel des applications cloud.
- Cloudflare WAF : Défense avancée pour les applications web.

D. EDR Cloud et CWPP (Cloud Workload Protection Platform)

- **Rôle** : Identifier, contenir et neutraliser les menaces sur les endpoints et charges de travail cloud.
- **Fonctionnalités** :
- Isolement des workloads compromis (VM, conteneurs).
- Récupération des systèmes infectés.
- **Exemples** :
- CrowdStrike Falcon : Réponse ciblée sur les endpoints dans le cloud.

5.2.3. Actions Automatisées dans la Couche de Réponse

L'automatisation est au cœur de la couche de réponse, permettant une gestion rapide et efficace des incidents. Voici quelques exemples d'actions automatisées :

- **Blocage Automatique d'une Instance Compromise :**
- **Contexte** : Un comportement anormal est détecté sur une machine virtuelle dans un environnement multi-cloud.
- **Action** : Le SOAR isole automatiquement l'instance, et le pare-feu bloque les connexions externes suspectes.
- **Désactivation d'un Compte Utilisateur Suspect :**

- **Contexte :** Une activité anormale est identifiée par l'UEBA.
- **Action :** L'IAM suspend temporairement les privilèges d'accès de l'utilisateur en question.
- **Isolation d'un Conteneur Infecté dans Kubernetes :**
- **Contexte :** Une tentative de compromission est détectée sur un conteneur dans un cluster Kubernetes.
- **Action :** Le CWPP isole le conteneur compromis et initie un scan pour identifier les autres workloads à risque.

5.2.4. Flux Opérationnel Typique dans la Couche de Réponse

- **Détection Initiale** : Une anomalie est identifiée par le SIEM cloud-natif ou l'UEBA.
- **Transmission de l'Alerte** : L'alerte est envoyée au SOAR pour évaluation et exécution des actions.
- **Exécution des Playbooks** :
- Blocage des adresses IP malveillantes.
- Isolation des endpoints ou workloads compromis.
- Suspension des privilèges utilisateurs suspects.
- **Rapport Post-Incident** : Un rapport détaillé est généré pour enrichir la mémoire cybernétique et affiner les futures détections.

5.2.5. Avantages de la Couche de Réponse dans le Cloud

- **Réduction du Temps de Réponse (MTTR)** : Les actions automatisées neutralisent les menaces en quelques secondes.
- **Orchestration Coordonnée** : Collaboration fluide entre différents outils de sécurité.
- **Neutralisation Automatique** : Réduction de la dépendance aux interventions humaines.

- **Amélioration Continue** : Les rapports post-incident enrichissent les stratégies de détection et de réponse.

5.2.6. Défis et Solutions

- **Défi** : Risque de sur-automatisation, entraînant des blocages intempestifs.
- **Solution** : Implémenter des tests rigoureux des playbooks avant déploiement.
- **Défi** : Maintenance et mise à jour régulières des règles de réponse.
- **Solution** : Automatiser les mises à jour des règles grâce à l'IA.
- **Défi** : Gestion complexe des environnements multi-cloud.
- **Solution** : Centraliser les outils de réponse avec des SOAR et IAM cloud-natifs.

5.2.7. Comparaison avec les Méthodes Traditionnelles

Aspect	Méthodes Traditionnelles	Cyber Immunité Adaptative dans le Cloud
Temps de Réponse	Long et manuel	Instantané et automatisé
Coordination des Outils	Fragmentée	Orchestrée via SOAR
Gestion des Accès	Basée sur des règles statiques	Dynamique et adaptative
Résilience	Intervention humaine nécessaire	Maintien des opérations critiques

5.2.8. Cas Pratique : Réponse à une Attaque par Ransomware

- **Contexte** : Un ransomware commence à chiffrer des données critiques sur un cloud multi-tenant.
- **Déroulement** :
- Détection : Le SIEM identifie un comportement de chiffrement suspect.
- Réponse Automatique :
- Le SOAR isole les workloads affectés.
- L'IAM désactive les accès liés à l'activité suspecte.
- Le pare-feu bloque les communications externes initiées par le ransomware.
- **Résultat** :
- Propagation limitée à une seule instance.
- Données critiques préservées grâce à une action rapide et coordonnée.

En conclusion, La couche de réponse dans le cloud, intégrée dans l'architecture de la Cyber Immunité Adaptative, est une révolution en matière de gestion des incidents. En combinant automatisation, orchestration et rapidité, elle permet de neutraliser les menaces sans perturber les opérations. Grâce à une coordination fluide entre outils tels que SOAR, IAM adaptatif, et WAF, cette couche garantit une réponse efficace aux cyberattaques modernes tout en réduisant la charge sur les équipes SOC.

5.3. Couche d'Adaptation dans le Cloud : Évolution Dynamique et Optimisation Continue

La Couche d'Adaptation de la Cyber Immunité Adaptative (CIA) est conçue pour ajuster en permanence les stratégies de sécurité en fonction des menaces émergentes et des changements dans l'environnement cloud. Cette couche introduit une approche proactive en intégrant des mécanismes d'apprentissage automatique, de tests réguliers et d'amélioration continue, permettant ainsi une défense toujours en évolution.

5.3.1. Objectifs de la Couche d'Adaptation

- **Ajustement Dynamique** : Modifier les règles de sécurité en temps réel en fonction des menaces et comportements observés.
- **Apprentissage Continu** : Exploiter les incidents passés pour enrichir les modèles de détection et de prévention.
- **Réduction des Faux Positifs** : Affiner les algorithmes de détection pour éviter les alertes inutiles.
- **Anticipation des Menaces** : Identifier les tendances émergentes grâce à l'intelligence artificielle et au machine learning.

5.3.2. Technologies Clés de la Couche d'Adaptation dans le Cloud

La Couche d'Adaptation repose sur plusieurs technologies avancées, chacune jouant un rôle essentiel pour améliorer la posture de sécurité cloud.

A. Machine Learning et Intelligence Artificielle (IA)

- **Rôle** : Identifier les anomalies, affiner les modèles et prédire les futures menaces.

- **Fonctionnalités** :
- Analyse des données historiques pour identifier les schémas répétitifs.
- Détection des attaques zero-day par corrélation avancée.
- Mise à jour automatique des politiques de sécurité basées sur les comportements émergents.
- **Exemples** :
- AWS Macie : Détection des anomalies dans les données sensibles.
- Google AI for Security : Identification des menaces complexes grâce à l'apprentissage profond.

B. UEBA Cloud (User and Entity Behavior Analytics)

- **Rôle** : Analyser les comportements des utilisateurs et entités pour détecter les activités suspectes.
- **Fonctionnalités** :
- Création de profils de comportement normal pour chaque utilisateur ou service.
- Détection des écarts par rapport à ces profils pour identifier les menaces internes ou externes.
- Intégration avec des systèmes IAM pour ajuster automatiquement les permissions.
- **Exemples** :
- Microsoft Defender for Cloud Apps : Analyse des comportements dans les applications SaaS.
- Exabeam UEBA : Détection des anomalies comportementales dans les environnements multi-cloud.

C. Simulations de Crises Cloud (Breach & Attack Simulation - BAS)

- **Rôle** : Tester la résilience des stratégies de sécurité dans des environnements contrôlés.
- **Fonctionnalités** :
- Simulation d'attaques réalistes pour évaluer les défenses.
- Identification des failles potentielles et ajustement des politiques de sécurité.
- Intégration avec SOAR pour automatiser les réponses aux failles détectées.
- **Exemples** :
- SafeBreach : Simulation de menaces sur les environnements cloud.
- AttackIQ : Évaluation des systèmes de sécurité via des scénarios d'attaques personnalisés.

D. Moteurs de Gestion des Politiques (Policy Engines)

- **Rôle** : Automatiser la gestion et l'application des politiques de sécurité dans les environnements cloud.
- **Fonctionnalités** :
- Vérification continue de la conformité aux politiques de sécurité (CSPM - Cloud Security Posture Management).
- Ajustement automatique des règles de pare-feu et IAM en fonction des résultats des analyses.
- Déploiement dynamique des correctifs pour éliminer les vulnérabilités détectées.
- **Exemples** :
- AWS Config : Surveillance de la conformité des configurations cloud.
- Azure Policy : Gestion centralisée des politiques dans les environnements Azure.

5.3.3. Fonctionnement de la Couche d'Adaptation

La Couche d'Adaptation suit un flux opérationnel dynamique pour s'ajuster en temps réel.

Étapes de Fonctionnement :

- **Collecte des Données :**
- Les outils SIEM et UEBA fournissent des alertes et des journaux d'activités.
- Les résultats des simulations BAS identifient les vulnérabilités potentielles.
- **Analyse et Apprentissage :**
- L'IA et le machine learning traitent ces données pour détecter les tendances et comportements anormaux.
- **Mise à Jour des Politiques :**
- Les moteurs de gestion des politiques ajustent automatiquement les configurations (pare-feu, IAM, règles de détection).
- **Feedback Continu :**
- Les nouvelles données enrichissent la mémoire cybernétique pour améliorer la détection et la réponse future.

5.3.4. Cas d'Utilisation : Adaptation Dynamique Face à une MenaceContexte :

Un utilisateur tente d'accéder à des données sensibles à partir d'un terminal inconnu dans un environnement multi-cloud.

Déroulement de l'Adaptation :

- **Détection** :

L'UEBA identifie une activité inhabituelle de l'utilisateur.

Une alerte est générée par le SIEM.

- **Analyse** :

L'IA détecte que ce comportement correspond à des schémas d'attaque précédents.

- **Adaptation** :

L'IAM adaptatif exige une authentification supplémentaire (MFA).

Les permissions de l'utilisateur sont temporairement limitées.

- **Résultat** :

La menace est contenue sans perturber les opérations.

Les règles de détection sont enrichies pour repérer des scénarios similaires à l'avenir.

5.3.5. Avantages de la Couche d'Adaptation

- **Anticipation des Menaces** : Identification des vulnérabilités avant leur exploitation.
- **Apprentissage Continu** : Amélioration constante des défenses grâce à l'IA.
- **Flexibilité Dynamique** : Ajustement des règles et politiques en temps réel.
- **Réduction des Faux Positifs** : Analyse comportementale avancée pour limiter les alertes inutiles.
- **Conformité Automatisée** : Gestion proactive des politiques pour répondre aux exigences réglementaires

5.3.6. Défis et Solutions

Défis	Solutions
Complexité des Algorithmes d'IA	Intégrer des plateformes d'IA prêtes à l'emploi comme AWS SageMaker ou Azure AI.
Risques de Modèles Corrompus	Implémenter des contrôles robustes contre les attaques par empoisonnement des données.
Maintenance des Modèles d'IA	Automatiser la mise à jour des modèles avec des flux de travail CI/CD sécurisés.

5.3.7. Comparaison : Approche Traditionnelle vs Couche d'Adaptation

Aspect	Approche Traditionnelle	Cyber Immunité Adaptative
Gestion des Menaces	Réaction basée sur des signatures fixes	Évolution dynamique grâce à l'IA
Détection des Anomalies	Basée sur des seuils statiques	Analyse comportementale en temps réel
Tests de Sécurité	Réalisés ponctuellement	Simulations continues via BAS
Conformité	Vérifications manuelles	Automatisation via Policy Engines

En conclusion, La Couche d'Adaptation permet de garantir une sécurité cloud proactive et évolutive. En intégrant des technologies telles que le machine learning, l'UEBA et les simulations BAS, elle permet aux organisations de s'adapter en temps réel aux nouvelles menaces, tout en améliorant continuellement leur posture de sécurité. Cette approche transforme la cybersécurité traditionnelle en un modèle dynamique, capable de prédire et de prévenir les attaques avant qu'elles ne causent des dommages.

5.4. Couche de Résilience dans le Cloud : Continuité et Gestion des Crises

La Couche de Résilience de la Cyber Immunité Adaptative (CIA) vise à garantir la continuité des opérations critiques dans les environnements cloud, même en cas de cyberattaques ou de défaillances majeures. Elle repose sur des mécanismes robustes de sauvegarde, d'isolation, et de récupération, permettant aux organisations de minimiser les interruptions et de restaurer rapidement leurs services après un incident.

5.4.1. Objectifs de la Couche de Résilience

- **Maintenir les Opérations Critiques** : Assurer que les services essentiels restent fonctionnels, même lors d'une attaque.
- **Récupération Rapide** : Restaurer les données et systèmes compromis dans les plus brefs délais.
- **Préparation aux Crises** : Tester régulièrement les stratégies de résilience et ajuster les mécanismes de sécurité.
- **Tolérance aux Pannes** : Mettre en place des systèmes redondants pour garantir la disponibilité continue.

5.4.2. Technologies Clés de la Couche de Résilience dans le Cloud

La Couche de Résilience repose sur des solutions technologiques avancées qui assurent la continuité des opérations et minimisent les impacts des cyberattaques.

A. Sauvegarde et Reprise Cloud (Backup & Recovery Cloud)

- **Rôle** : Garantir la restauration rapide des données critiques après un incident.
- **Fonctionnement** :
- Sauvegardes régulières des données sur des emplacements cloud sécurisés.
- Mise en place de stratégies de sauvegarde incrémentielle et différentielle.
- Restauration automatisée en cas de corruption ou d'attaque (ex : ransomware).
- **Exemples** :
- AWS Backup : Automatisation des sauvegardes dans un environnement multi-régions.
- Veeam Backup for Cloud : Sauvegarde des données sur AWS, Azure ou Google Cloud.

B. Segmentation Dynamique et Isolation Automatisée

- **Rôle** : Confinement des menaces pour limiter leur propagation.
- **Fonctionnement** :
- Analyse en temps réel des activités suspectes sur des segments spécifiques.
- Isolation immédiate des ressources compromises (VM, con-

teneurs, etc.).
- Reconnexion sécurisée uniquement après vérification de l'intégrité.
- **Exemples** :
- Azure Network Security Groups : Contrôle des flux réseau et isolation des segments compromis.
- AWS Security Groups : Mise en quarantaine des ressources cloud infectées.

C. Plans de Continuité d'Activité (PCA) et Plans de Reprise d'Activité (PRA) Cloud

- **Rôle** : Maintenir les opérations critiques en cas de crise et restaurer rapidement les services impactés.
- **Fonctionnement** :
- Identification des services essentiels (ex : bases de données transactionnelles).
- Mise en place de systèmes de redondance géographique (multi-régions).
- Activation automatique de basculements en cas de panne ou attaque.
- **Exemples** :
- Azure Site Recovery : Basculement automatique vers un environnement secondaire.
- AWS Elastic Disaster Recovery : Récupération rapide des environnements critiques.

D. Simulations de Crises et Tests de Résilience (Breach & Attack Simulation - BAS)

- **Rôle** : Tester et valider la robustesse des stratégies de résilience.

- **Fonctionnement** :
- Simulation d'attaques réalistes (ransomware, DDoS, etc.) pour évaluer la réactivité.
- Identification des points faibles et ajustement des mécanismes de récupération.
- Intégration des résultats dans les stratégies de sauvegarde et PCA/PRA.
- **Exemples** :
- SafeBreach : Simulation d'attaques dans les environnements cloud.
- AttackIQ : Évaluation des stratégies de continuité et de reprise.

E. Redondance et Tolérance aux Pannes

- **Rôle** : Assurer la disponibilité continue des services critiques.
- **Fonctionnement** :
- Réplication des systèmes sur plusieurs régions cloud.
- Basculement automatique vers une infrastructure secondaire en cas de panne ou attaque.
- Synchronisation des données en temps réel entre les différentes instances.
- **Exemples** :
- Google Cloud Spanner : Base de données distribuée et hautement disponible.
- AWS Global Accelerator : Optimisation de la disponibilité des applications.

5.4.3. Fonctionnement de la Couche de Résilience

La Couche de Résilience suit un flux opérationnel bien défini pour répondre rapidement aux incidents et minimiser les interruptions.

Étapes de Fonctionnement :

Détection de la Menace :

- Une alerte est générée par le SIEM ou un outil de surveillance cloud.
- Une activité anormale (ex : exfiltration de données) est identifiée.

Isolement Dynamique :

- Le segment compromis est isolé automatiquement.
- Les ressources critiques non affectées restent opérationnelles.

Récupération Automatisée :

- Les données sont restaurées depuis une sauvegarde sécurisée.
- Les systèmes compromis sont réinitialisés avec des configurations validées.

Validation :

- Des tests BAS sont réalisés pour vérifier l'intégrité des restaurations.
- Les résultats alimentent la mémoire cybernétique pour

prévenir des attaques similaires.

Reconnexion Sécurisée :

- Les ressources isolées sont réintégrées dans l'environnement global après validation.

5.4.4. Cas Pratique : Résilience Face à une Attaque Ransomware

Contexte :

Un ransomware cible les données sensibles d'une organisation hébergées dans un environnement multi-cloud.

Étapes de Réponse de la Couche de Résilience :

- **Détection** :
- Le SIEM détecte une activité de chiffrement suspecte sur un serveur cloud.
- Une alerte est transmise au SOAR pour une analyse approfondie.
- **Isolement** :
- Le serveur compromis est isolé grâce aux règles de segmentation dynamique.
- Les autres serveurs restent opérationnels pour garantir la continuité.
- **Restauration** :
- Les données sont restaurées depuis la dernière sauvegarde non impactée via AWS Backup.
- Les règles de sécurité du serveur sont renforcées pour empêcher une récidive.
- **Validation** :

- Une simulation BAS teste la robustesse des nouvelles configurations.
- Les résultats sont intégrés dans la stratégie globale de résilience.
- **Résultat** :
- Les services critiques restent accessibles pendant l'attaque.
- La restauration des données et la validation sont achevées en moins d'une heure.

5.4.5. Avantages de la Couche de Résilience

- **Minimisation des Pertes de Données** : Sauvegardes régulières et automatisées.
- **Continuité des Services** : Maintien des opérations critiques, même sous attaque.
- **Récupération Rapide** : Automatisation des processus de restauration.
- **Préparation aux Crises** : Simulations et tests réguliers pour valider les mécanismes de défense.
- **Tolérance aux Pannes** : Redondance des systèmes pour une haute disponibilité.

5.4.6. Défis et Solutions

Défis	Solutions
Coût de l'Implémentation	Exploiter des solutions cloud natives pour réduire les investissements initiaux.
Complexité de Gestion	Automatiser la coordination des PCA/PRA avec des outils SOAR et CSPM.
Maintenance des Sauvegardes	Planifier des tests réguliers pour garantir l'intégrité des données sauvegardées.
Détection des Pannes en Temps Réel	Intégrer des outils SIEM enrichis par IA pour surveiller en continu les environnements cloud.

En conclusion, La Couche de Résilience dans la Cyber Immunité Adaptative (CIA) transforme la manière dont les organisations gèrent les crises. En combinant des sauvegardes robustes, une isolation dynamique, et des tests réguliers, elle garantit une continuité des opérations et une récupération rapide, même en cas d'attaques sophistiquées. Grâce à cette approche, les entreprises peuvent maintenir leur productivité tout en renforçant leur posture de sécurité face à un paysage de menaces en constante évolution.

Conclusion :

Ce chapitre a démontré comment la **Cyber Immunité Adaptative (CIA)** redéfinit la sécurité cloud en s'appuyant sur ses quatre couches fondamentales : Détection, Réponse, Adaptation et Résilience. Dans un contexte où les environnements cloud deviennent de plus en plus complexes, ces couches offrent une approche intégrée, proactive et automatisée pour faire face aux menaces modernes.

La **Couche de Détection** garantit une surveillance continue et une visibilité globale sur les ressources cloud, détectant les anomalies et les erreurs de configuration. La **Couche de Réponse** orchestre des actions automatisées pour neutraliser rapidement les menaces, minimisant ainsi l'impact des attaques. La **Couche d'Adaptation**, quant à elle, ajuste dynamiquement les politiques de sécurité à l'évolution des menaces grâce à des mécanismes d'apprentissage automatique. Enfin, la **Couche de Résilience** assure la continuité des opérations en cas d'attaque majeure, grâce à des mécanismes robustes de sauvegarde, de redondance et de reprise.

Ces couches offrent une défense harmonieuse et intelligente, permettant aux organismes d'exploiter les avantages du cloud tout en maintenant une posture de sécurité optimale. Plus qu'un simple modèle de défense, la CIA transforme la manière dont les infrastructures cloud sont protégées en intégrant des mécanismes biologiquement inspirés, capables d'évoluer en permanence.

Dans le prochain chapitre, nous explorerons comment la **CIA** peut être intégrée et harmonisée avec les **standards de sécurité existants** tels que l'**ISO 27001** et le **framework NIST**, afin de garantir la **conformité réglementaire** tout en optimisant la posture de sécurité.

Harmonisation de la Cyber Immunité Adaptative (CIA) avec les Standards ISO 27001 et le Framework NIST

Introduction : Pourquoi Intégrer la CIA avec les Standards de Cybersécurité ?

Les normes et standards de sécurité comme **ISO 27001** et le **framework NIST** sont essentiels pour établir une **posture de sécurité robuste et conforme** aux exigences réglementaires. Cependant, ces cadres restent souvent **théoriques** et nécessitent des mécanismes opérationnels concrets pour être réellement efficaces dans un contexte moderne de **cybermenaces évolutives**.

La **Cyber Immunité Adaptative (CIA)**, grâce à son **architecture modulaire** et ses **quatre couches** (Détection, Réponse, Adaptation et Résilience), s'aligne naturellement avec ces standards en offrant un modèle **automatisé, dynamique et intelligent** de gestion des risques.

Ce chapitre explore comment la **CIA** peut non seulement **compléter**, mais aussi **améliorer** l'application des standards **ISO 27001** et **NIST**.

1. Présentation des Normes ISO 27001 et du Framework NIST

A. ISO 27001 : Système de Management de la Sécurité de l'Information (SMSI)

L'**ISO 27001** est un standard international qui définit les **exigences** pour établir, mettre en œuvre, maintenir et améliorer un **Système de Management de la Sécurité de l'Information (SMSI)**.

Principes clés :

- **Gestion des Risques (Annexe A)** : Identifier, évaluer et traiter les risques de sécurité.
- **Contrôles de Sécurité (114 Contrôles)** : Détection, protection, contrôle d'accès, gestion des incidents.
- **Amélioration Continue :** Processus PDCA (Plan-Do-Check-Act).
- B. Framework NIST (National Institute of Standards and Technology)

Le **framework NIST** est un cadre de gestion des risques de cybersécurité largement adopté, principalement aux États-Unis.
Il repose sur **5 fonctions principales** :

- **Identify (Identifier)** : Inventaire des actifs et évaluation des risques.
- **Protect (Protéger)** : Contrôles pour limiter l'impact des cyberattaques.
- **Detect (Détecter)** : Surveillance et identification des incidents.

- **Respond (Réagir)** : Réponse coordonnée aux incidents de sécurité
- **Recover (Restaurer)** : Continuité et reprise après un incident.

2. Harmonisation des Couches de la CIA avec l'ISO 27001 et le NIST

La **CIA** intègre naturellement les exigences des deux cadres, offrant un modèle **proactif** et **automatisé** qui renforce chaque domaine clé.

A. Couche de Détection et ISO/NIST

Alignement ISO 27001 :

- **Objectif :** Surveillance continue des événements de sécurité.
- **Contrôles liés :** A.12.4 (Journalisation et Surveillance), A.16.1 (Gestion des Incidents).

Alignement NIST :

- **Fonction : Detect (Détecter)**.
- **Exemples :** Utilisation de SIEM, IDS/IPS, EDR, UEBA pour identifier les menaces.

Renforcement par la CIA :

- **SIEM enrichi par IA** pour la corrélation avancée.
- **Détection proactive** des menaces émergentes avec l'analyse comportementale (UEBA).

B. Couche de Réponse et ISO/NIST

Alignement ISO 27001 :

- **Objectif :** Réponse coordonnée aux incidents.
- **Contrôles liés :** A.16.1 (Gestion des Incidents).

Alignement NIST :

- **Fonction : Respond (Réagir)**.
- **Exemples :** Playbooks d'incidents et plans de réponse.

Renforcement par la CIA :

- **SOAR (Security Orchestration, Automation, and Response)** pour automatiser les réponses.
- **IAM Adaptatif** pour restreindre automatiquement les accès suspects.
- **Isolation Dynamique** des systèmes compromis.

C. Couche d'Adaptation et ISO/NIST

Alignement ISO 27001 :

- **Objectif :** Amélioration continue et gestion des vulnérabilités.
- **Contrôles liés :** A.12.6 (Gestion des vulnérabilités techniques).

Alignement NIST :

- **Fonction : Protect & Identify**.
- **Exemples :** Mise à jour des politiques de sécurité basées sur l'analyse des risques.

Renforcement par la CIA :

- **Machine Learning** pour ajuster dynamiquement les règles de sécurité.
- **Simulations de crises (BAS)** pour tester et améliorer les stratégies défensives.
- **Mémoire Cybernétique** pour conserver les leçons apprises et optimiser la posture de sécurité.

D. Couche de Résilience et ISO/NIST

Alignement ISO 27001 :

- **Objectif :** Assurer la continuité des activités.
- **Contrôles liés :** A.17.1 (Continuité de la sécurité de l'information).

Alignement NIST :

- **Fonction : Recover (Restaurer)**.
- **Exemples :** Plans de reprise d'activité (PRA) et sauvegardes sécurisées.

Renforcement par la CIA :

- **Backup & Recovery Automatisé** avec tests de restauration.
- **PCA/PRA Automatisés** et basculement vers des infrastruc-

tures de secours.

- **Segmentation Dynamique** pour limiter la propagation des attaques.

3. Comparaison entre l'ISO/NIST seuls et avec l'intégration de la CIA :

Critère	ISO/NIST Traditionnels	ISO/NIST avec CIA
Détection des Menaces	Détection basée sur des règles statiques	IA avancée et analyse comportementale
Réponse aux Incidents	Réponse manuelle et documentation	SOAR et automatisation des réponses
Gestion des Accès	Permissions statiques IAM	IAM Adaptatif avec gestion dynamique
Amélioration Continue	Révision périodique des règles	Apprentissage continu (ML et IA)
Résilience et Reprise	Sauvegardes périodiques	PRA/PCA automatisés et redondance totale
Automatisation	Faible, basée sur la documentation	Automatisation complète via SOAR & ML

4. Avantages de l'Harmonisation de la CIA avec ISO 27001 et NIST :

- **Conformité Renforcée :** Intégration des contrôles de sécurité automatisés.
- **Réduction des Risques :** Gestion proactive et réduction des faux positifs.
- **Efficacité Accrue :** Orchestration automatisée réduisant l'intervention humaine.
- **Visibilité Globale :** Surveillance étendue et centralisée des

menaces.

- **Amélioration Continue :** Évolution dynamique des règles et stratégies.

Conclusion :

L'intégration de la **Cyber Immunité Adaptative (CIA)** avec les **standards ISO 27001 et le Framework NIST** permet non seulement de **renforcer la conformité** réglementaire mais aussi d'**élever la maturité** de la cybersécurité à un **niveau supérieur** grâce à l'automatisation et l'intelligence artificielle.

Partie 3 : Perspectives et Enjeux de la Cyber Immunité Adaptative (CIA)

Enjeux Géopolitiques et Réglementaires

Introduction : Cybersécurité dans un Contexte Mondial en Évolution

À l'ère de la **mondialisation numérique**, la cybersécurité dépasse les simples considérations techniques. Elle est désormais un **enjeu stratégique majeur** influencé par des **dynamiques géopolitiques** et des **cadres réglementaires** stricts. La **Cyber Immunité Adaptative (CIA)** s'inscrit dans cette nouvelle réalité en offrant un modèle capable de répondre aux **exigences légales** et aux **risques géopolitiques** croissants.

1. Enjeux Géopolitiques : Cybersécurité comme Arme Stratégique

Les cyberattaques ciblées et les **cyberespionnages** sont devenus des outils de pouvoir géopolitique.

Exemples récents :

- Attaques de chaînes d'approvisionnement (ex : **SolarWinds**).
- Campagnes de désinformation et manipulations électorales.

Problématiques Clés :

- **Souveraineté Numérique :** Contrôle des infrastructures critiques (data centers, télécommunications).
- **Cybersouveraineté :** Dépendance aux technologies étrangères.
- **Collaboration ou Fragmentation ?** Divergence entre **normes européennes (RGPD)** et **régulations américaines ou chinoises**.

Contributions de la CIA :

- **Détection avancée des menaces étatiques.**
- **Automatisation pour protéger les infrastructures critiques.**
- **Adaptabilité aux menaces transnationales.**

2. Enjeux Réglementaires : Conformité et Standardisation
   Principales Réglementations et Standards :

- **ISO 27001 & NIST :** Cadres de gestion des risques.
- **RGPD (Europe) :** Protection des données personnelles.
- **LPM et NIS2 :** Protection des infrastructures vitales.
- **Zero Trust et Cloud Security Alliance (CSA) :** Modèles modernes de sécurité.

Limites des Approches Actuelles :

- **Conformité Déclarative :** Vérification ponctuelle.
- **Manque d'Automatisation :** Dépendance à l'humain dans l'application des règles.

Contributions de la CIA :

- **Automatisation des Contrôles :** IA pour surveiller en temps réel la conformité.
- **Adaptation Dynamique :** Ajustement des politiques de sécurité.
- **Documentation Continue :** Génération automatique de **rapports d'audit**.

3. Défis et Solutions Proposées par la CIA

Défi	Impact	Solution CIA
Fragmentation Réglementaire	Complexité des normes locales	Harmonisation par automatisation.
Complexité de Mise en Conformité	Évaluation manuelle et ponctuelle	Contrôles automatisés en temps réel.
Risques Transfrontaliers	Cyberattaques coordonnées entre États	Détection avancée et collaboration AI.
Manque de Visibilité	Données et menaces fragmentées	Corrélation globale des alertes (SIEM).

Conclusion : Un Enjeu Mondial en Évolution

Les **dynamiques géopolitiques** et la **complexité réglementaire** nécessitent une **approche proactive** et **automatisée**.

La **Cyber Immunité Adaptative** propose un modèle **évolutif** et

intelligent capable de répondre à ces défis.

L'Avenir de la Cyber Immunité Adaptative (CIA)

Introduction : Vers un Modèle Évolutif et Autonome

Alors que les **cybermenaces** évoluent constamment, l'avenir de la **CIA** doit lui aussi **progresser** vers une protection **encore plus intelligente et autonome**. Ce chapitre explore les **perspectives futures** et les **technologies émergentes** qui renforceront ce modèle.

1. Évolution Technologique et Cybersécurité de Nouvelle Génération

Les tendances émergentes :

- **Sécurité Post-Quantique :** Protection contre les menaces des ordinateurs quantiques.
- **IA Générative :** Utilisation de l'IA pour anticiper des scénarios d'attaque avancés.
- **Blockchain et Cybersécurité :** Garantir l'intégrité des données.
- **Zero Trust Evolutif :** Contrôle d'accès contextuel et dy-

namique.

Intégration à la CIA :

- **Moteurs de détection prédictive**.
- **Automatisation avancée des réponses.**
- **Apprentissage auto-optimisé** par l'IA.

2. Renforcement de la Mémoire Cybernétique et Collaboration Globale

La **mémoire cybernétique** de la CIA pourrait évoluer vers un **réseau mondial partagé** :

- **Partage d'Intelligence des Menaces (Threat Intelligence)** entre secteurs critiques.
- **Bases de Données Distribuées** : Répartition des données sur plusieurs nœuds pour éviter un point de défaillance unique.
- **Auto-apprentissage Global** : Les événements de cybersécurité d'une organisation bénéficient à toutes.

3. Défis et Facteurs de Succès pour l'Avenir de la CIA

Défi	Solutions Futures
Évolutivité des Menaces	IA adaptative avec autoapprentissage continu.
Complexité Multi-cloud	Intégration multi-environnements Cloud + IA.
Souveraineté des Données	Chiffrement avancé et gestion de la confidentialité.
Coût et Complexité d'Implémentation	Solutions modulaires et adoption progressive.

4. Vision Long Terme : Vers une Cybersécurité Autonome

L'évolution de la **Cyber Immunité Adaptative** pourrait se diriger vers un modèle de **cybersécurité autonome** :

- **Auto-détection et Auto-réponse complète.**
- **Prédiction des menaces** avant leur exploitation.
- **Collaboration entre IA Défensive et Offensive.**

Conclusion : Un Modèle en Constante Évolution

La **Cyber Immunité Adaptative** représente bien plus qu'un cadre de sécurité : c'est une **vision évolutive** pour répondre aux **menaces futures**. En intégrant des technologies émergentes et une **intelligence collective**, elle pourrait devenir un **pilier incontournable** de la **cybersécurité de demain**.

Après avoir exploré en détail les fondements, l'architecture et les **applications avancées** de la **Cyber Immunité Adaptative (CIA)**, il est désormais temps de **synthétiser** l'ensemble des concepts abordés. La conclusion finale du livre résumera les **bénéfices clés** de la CIA et proposera une **vision stratégique** pour son adoption dans les **infrastructures critiques**.

Conclusion Générale sur la Cyber Immunité Adaptative (CIA)

1. Synthèse des Principaux Apports de la Cyber Immunité Adaptative (CIA)

La **Cyber Immunité Adaptative (CIA)** marque une **rupture fondamentale** avec les approches traditionnelles de la cybersécurité. À travers les chapitres précédents, nous avons exploré comment cette **approche novatrice** redéfinit la sécurité des systèmes d'information en intégrant :

- **Une Détection Proactive et Intelligente :** Identification avancée des menaces par l'intelligence artificielle et l'analyse comportementale (UEBA).
- **Une Réponse Orchestrée et Automatisée :** SOAR et IAM adaptatif pour une neutralisation rapide et coordonnée des incidents.
- **Une Adaptation Dynamique et Auto-évolutive :** Apprentissage machine et mémoire cybernétique pour ajuster continuellement les défenses.
- **Une Résilience Renforcée :** Sauvegardes automatisées, PCA/PRA et redondance pour maintenir la continuité opéra-

tionnelle.

Ce modèle **proactif et intégré** va bien au-delà des cadres traditionnels, proposant une **défense adaptative** capable d'évoluer face à des menaces **dynamiques** et **complexes**.

2. Une Approche Holistique et Innovante pour la Cybersécurité Moderne

L'**innovation clé** de la **CIA** réside dans l'intégration harmonieuse de ses **quatre couches** (Détection, Réponse, Adaptation, Résilience) au sein d'un **écosystème sécurisé unifié**. Contrairement aux modèles **fragmentés** souvent limités à des solutions cloisonnées :

- **Vision Globale :** Chaque couche interagit avec les autres pour former un système de défense complet.
- **Orchestration Intelligente :** Automatisation avancée et orchestration centralisée via SOAR et IA.
- **Auto-Amélioration Continue :** Grâce à l'apprentissage automatique et à la mémoire cybernétique.

3. Avantages Stratégiques de la Cyber Immunité Adaptative (CIA)

L'approche **CIA** présente des bénéfices significatifs pour toutes les organisations, en particulier les infrastructures critiques et les environnements à haut risque :

- **Réduction des Faux Positifs :** Corrélation avancée via IA et UEBA.

- **Optimisation des Ressources :** Moins de charge pour les équipes SOC grâce à l'automatisation.
- **Renforcement de la Résilience :** Continuité d'activité même en cas de cyberattaque.
- **Conformité Réglementaire Facilitée :** Intégration des standards ISO 27001 et NIST.
- **Protection Évolutive :** Adaptation aux menaces émergentes, y compris les attaques zero-day.

4. Défis et Facteurs Clés de Succès dans l'Implémentation de la CIA

Malgré ses nombreux avantages, la mise en œuvre de la **Cyber Immunité Adaptative** requiert une approche **stratégique et progressive**.

- **Défis à Surmonter :**
- **Complexité de l'Intégration :** Adapter la CIA à des environnements déjà existants.
- **Coût et Ressources :** Investissement initial en formation et en technologie.
- **Adoption Culturelle :** Besoin d'une évolution vers une **culture de la cybersécurité adaptative**.

Facteurs Clés de Réussite :

- **Approche Progressive :** Déploiement couche par couche.
- **Automatisation Pilotée :** Éviter la sur-automatisation non maîtrisée.
- **Collaboration Globale :** Échanges de **threat intelligence** et bonnes pratiques.
- **Évaluation Continue :** Simulations et audits réguliers pour

affiner les stratégies.

5. Perspectives d'Évolution : Vers une Cybersécurité du Futur

L'avenir de la **Cyber Immunité Adaptative** s'annonce **prometteur** et évoluera probablement vers :

- **Cybersécurité Post-Quantique :** Intégration de protocoles cryptographiques résistants aux attaques quantiques.
- **Cybersécurité Autonome :** IA prédictive et auto-apprenante pour anticiper les attaques avant qu'elles ne se produisent.
- **Collaboration Intersectorielle :** Création de **réseaux mondiaux** de mémoire cybernétique.
- **Intégration Cloud-Native :** Déploiement avancé dans les environnements **multi-cloud** et **hybrides**.

6. Appel à l'Action : Mettre en Œuvre la CIA dès Aujourd'hui

La **Cyber Immunité Adaptative** n'est pas qu'un concept théorique : c'est une **révolution pratique** prête à être mise en œuvre dès aujourd'hui.

- **Décideurs et Responsables Sécurité :** Intégrez progressivement la CIA dans vos stratégies.
- **Équipes Techniques :** Testez des outils d'orchestration et d'analyse avancée.
- **Régulateurs et Gouvernements :** Adoptez cette approche pour les **infrastructures critiques**.

Il est temps d'agir. Face à des **menaces toujours plus sophistiquées**, la **CIA** offre une **vision moderne et proactive** pour sécuriser le **présent** et anticiper **l'avenir** de la cybersécurité.

Remerciements et Conclusion Finale :

Merci d'avoir parcouru cet ouvrage sur la **Cyber Immunité Adaptative**. Ce livre a été conçu pour fournir une **vision complète et stratégique** de cette approche révolutionnaire. Nous espérons qu'il servira de **guide** pour **transformer** votre posture de sécurité et inspirer l'innovation dans le domaine de la **cybersécurité moderne**.

Protégez. Adaptez. Évoluez.

Postface

Alors que vous refermez ces pages, un voyage vers une nouvelle conception de la cybersécurité touche à sa fin. Ce livre n'est pas simplement une exploration des concepts et des outils, mais une réflexion sur le futur des infrastructures numériques. La Cyber Immunité Adaptative (CIA), inspirée par les mécanismes naturels du système immunitaire humain, marque une rupture avec les approches traditionnelles. Elle incarne une vision proactive, dynamique et résiliente de la protection des écosystèmes numériques. Dans un monde où les cybermenaces évoluent à une vitesse effrayante, il est impératif de repenser nos approches défensives. La CIA propose une transformation fondamentale, une intégration harmonieuse de l'intelligence artificielle, des technologies avancées et d'une philosophie centrée sur l'adaptabilité et la résilience. C'est un modèle qui ne se contente pas de répondre aux menaces, mais qui anticipe, apprend et s'améliore en continu. Ce livre a été conçu comme un outil, une source d'inspiration et un appel à l'action. Que vous soyez professionnel, chercheur ou décideur, les concepts présentés ici ne demandent qu'à être explorés, adaptés et implémentés. Car, au-delà des théories, la véritable force de la CIA réside dans son potentiel à protéger ce qui compte vraiment : les données, les infrastructures et, ultimement, les vies qui en dépendent. En refermant ce livre, rappelez-vous que chaque effort pour comprendre, concevoir et déployer des solutions comme la Cyber Immunité Adaptative nous rapproche d'un avenir numérique plus sûr. Les défis sont nombreux, mais les opportunités le sont tout autant. Ensemble, nous pouvons bâtir un monde où les cybermenaces ne sont plus une fatalité, mais une opportunité de repousser les limites de l'innovation. Merci d'avoir entrepris ce voyage. L'avenir de la cybersécurité est entre vos mains.

Glossaire

A

APT (Advanced Persistent Threat) : Menace persistante avancée. Attaque sophistiquée et prolongée ciblant des organisations spécifiques pour voler des informations sensibles.

AI (Artificial Intelligence) : Intelligence artificielle. Capacité des systèmes informatiques à simuler des processus intellectuels humains comme l'apprentissage et la résolution de problèmes.

B

BAS (Breach and Attack Simulation) : Simulation de brèche et d'attaque. Méthodologie qui teste la robustesse des défenses de cybersécurité.

Backup & Recovery : Sauvegarde et récupération. Processus de protection et de restauration des données en cas d'incident.

C

CSPM (Cloud Security Posture Management) : Gestion de la posture de sécurité dans le cloud. Solution pour surveiller et corriger les configurations des environnements cloud.

CIA (Cyber Immunity Adaptative) : Immunité adaptative en cybersécurité. Concept innovant basé sur des principes biologiques pour créer des systèmes résilients et intelligents.

CWPP (Cloud Workload Protection Platform) : Plateforme de protection des charges de travail dans le cloud.

D

DDoS (Distributed Denial of Service) : Attaque par déni de service distribué. Vise à rendre un service indisponible en surchargeant ses ressources.

Detection & Response : Processus de surveillance continue et de neutralisation des menaces identifiées.

E

EDR (Endpoint Detection and Response) : Détection et réponse aux menaces au niveau des terminaux. Outil pour surveiller et protéger les appareils connectés.

F

Firewall : Pare-feu. Barrière de sécurité qui surveille et contrôle le trafic réseau entrant et sortant en fonction de règles de sécurité prédéfinies.

I

IDS (Intrusion Detection System) : Système de détection d'intrusion. Identifie les activités malveillantes dans un réseau.

IPS (Intrusion Prevention System) : Système de prévention d'intrusion. Bloque les menaces détectées par un IDS.

IAM (Identity and Access Management) : Gestion des identités et des accès. Système permettant de contrôler l'accès des utilisateurs aux ressources.

M

Machine Learning : Apprentissage automatique. Branche de l'intelligence artificielle qui utilise des algorithmes pour permettre aux machines d'apprendre à partir de données.

N

NIST (National Institute of Standards and Technology) : Institut américain des standards et de la technologie. Fournit un cadre pour la gestion des risques en cybersécurité.

P

PCA (Plan de Continuité d'Activité) : Plan pour assurer la continuité des opérations en cas d'incident grave.

PRA (Plan de Reprise d'Activité) : Plan pour restaurer les systèmes et les services après un incident majeur.

R

Ransomware : Logiciel malveillant qui bloque l'accès aux données ou systèmes jusqu'au paiement d'une rançon.

S

SCADA (Supervisory Control and Data Acquisition) : Systèmes de contrôle et d'acquisition de données utilisés dans les environnements industriels.

SIEM (Security Information and Event Management) : Gestion des informations et des événements de sécurité. Plateforme centralisée pour collecter, analyser et corréler les logs de sécurité.

SOAR (Security Orchestration, Automation, and Response) : Orchestration, automatisation et réponse en cybersécurité. Permet d'automatiser les réponses aux incidents.

U

UEBA (User and Entity Behavior Analytics) : Analyse comportementale des utilisateurs et entités. Identifie les anomalies dans les comportements.

W

WAF (Web Application Firewall) : Pare-feu pour applications web. Protège les applications contre les menaces spécifiques telles que les injections SQL ou les scripts intersites.

www.ingramcontent.com/pod-product-compliance
Lightning Source LLC
LaVergne TN
LVHW040443051026
849517LV00002B/735